청소년들의 진로와 직업 탐색을 위한
잡프러포즈 시리즈 50

책임 있는 공감 능력
아동청소년심리상담사

청소년들의 진로와 직업 탐색을 위한 잡프러포즈 시리즈 50

책임 있는 공감 능력
아동청소년심리상담사

김아나 지음

TALK SHOW

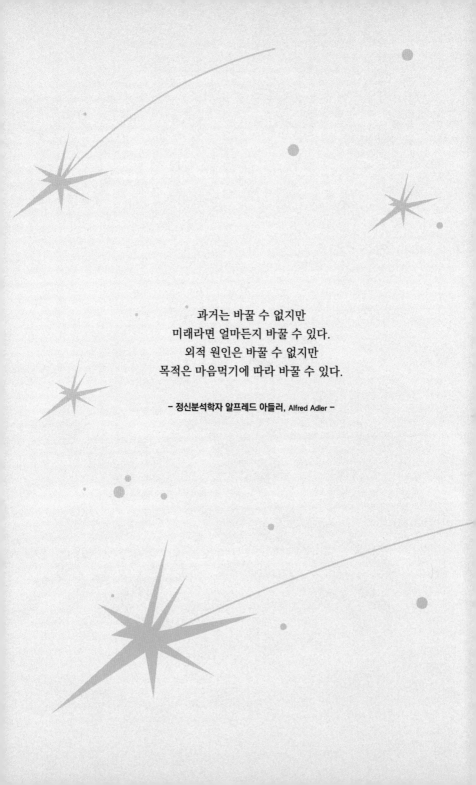

과거는 바꿀 수 없지만
미래라면 얼마든지 바꿀 수 있다.
외적 원인은 바꿀 수 없지만
목적은 마음먹기에 따라 바꿀 수 있다.

- 정신분석학자 알프레드 아들러, Alfred Adler -

"Life is a journey to be experienced,
not a problem to be solved."

"삶은 경험해야 할 여행이지, 해결해야 할 문제가 아니야."

- 「곰돌이 푸」 中 -

C·O·N·T·E·N·T·S

C·O·N·T·E·N·T·S

아동청소년심리상담사
김아나의 프러포즈

안녕하세요!

마음의 지도를 펼쳐놓고 많은 생각과 고민을 하고 있을 여러분, 오늘 마음은 어떤 상태인가요?

청소년기를 흔히 질풍노도의 시기라고 하죠. 지난주에 기분 좋았던 일이 이번 주에는 우울한 일로 바뀌기도 하고, 어제 불쾌했던 마음이 오늘 아침에 일어나 보니 상쾌해질 수도 있어요. 그래요, 다 괜찮아요. 마음이라는 건 상황에 따라 바뀌기도 하니까요. 상황에 따라 드는 생각에 따라 마음도 기분도 바뀐답니다. 그 마음을 알고 다듬어가면서 그렇게 어른이 되어가지요.

저는 푸르른 제주에서 작고 예쁜 상담센터를 운영하고 있는 상담사입니다. 여러분의 또래들을 만나 고민도 나누고 해결 방법도 같이 생각해 보며 마음의 지도에서 길을 찾고 있지요. 어려운 일은 누구나 생길 수 있어요. 그럴 때, 포기하는 것과 도전하는 것은 결과가 다르게 나타날 것입니다. 하지만 도전하고 나아가는 데는 사람마다 속도가 달라요. 그러니 너무 조급해하지 않기를, 스스로의 가능성을 믿기를 바랍니다.

그 가능성을 찾고 믿어주고 옆에 있어주는 것이 상담사의 일이랍니다. 상담사라는 직업에 매력을 느끼고 준비하는 친구들에게 조금이나마 도움이 되었으면 좋겠습니다.

사람은 모두 각자의 매력과 가능성이 있어요. 이 시대를 살아가는 여러분이 자신감을 가지고, 마음속에 있는 그 가능성이라는 보석을 찾아 세상에서 단단하게 빛나기를 바랍니다.

첫인사

편 – 토크쇼 편집자

김 – 아동청소년심리상담사 김아나

편 김아나 선생님, 안녕하세요? 『책임 있는 공감 능력 아동청소년심리상담사』 편에 함께해 주셔서 감사합니다. 직업 책을 출간하는 소감이 어떠신가요?

김 우리나라에 훌륭한 상담사분들이 너무나 많은데, 제가 이렇게 목소리를 낸다는 것이 다소 송구스럽습니다. 그러면서도 책 출간은 처음이라 너무 설레고, 기대도 되네요. 이 책을 청소년들이 많이 읽는다고 하니 책임감이 드는 것도 사실입니다. 책을 통해 많은 청소년들이 이 직업에 대해 유익한 정보를 얻고, 책을 펴고 덮으면서 깃털만큼이라도 무언가 도움이 되었으면 좋겠어요.

편 요즘 TV를 켜면 마음 상담 프로그램이 정말 많아진 것 같아요. 선생님께서 소개해 주시는 이번 직업은 사회적으로도 많은 관심을 받고 있어요. 어떻게 느끼시나요?

김 근래에 들어 마음을 다루는 프로그램이 부쩍 많아진 것 같아요. 시청률도 높은 편이던데, 많은 사람들이 본다는 건 그만큼 요즘 사람들이 많이 지치고 힘들어하고 있다는 거겠죠. 프로그램을 통해 위로받고 용기를 얻는 분들도 많다고 들었어요. 사회적으로 많은 관심을 받고 있다는 말씀에 전적으로 동의합니다.

📖 TV에서 보이는 심리상담사들은 사람들의 말을 귀담아듣고, 관찰하고, 해석하는 일을 하는 것 같아요. 왠지 예민할 것 같고, 또 이 일을 하면서 타인에 대해 민감해질 것 같아요. 선생님은 어떠신가요?

🔑 맞아요. 저는 제가 털털한 사람이라고 생각했는데 아니더라고요. 상대방의 눈빛이나 표정, 어투, 작은 행동에도 반응하고 있는 저 자신을 발견해요. 주변 사람들에게도 눈치가 빠르다는 말을 자주 듣고요.

📖 선생님께서는 두 딸을 둔 엄마라고 들었습니다. 저는 부모님이 전문 직업인 친구들에게 궁금한 게 있어요. 예를 들어 '부모님이 의사인 친구들은 아플 때 엄마, 아빠한테 진료를 받나?' 그런 게 항상 궁금하더라고요. 선생님은 자녀들의 마음을 면밀하게 관찰하시나요?

🔑 그러려고 노력하는데 그렇지 않을 때도 많아요. 자녀들의 모습을 있는 그대로 받아주려고 하는데, 잘 안 될 때는 큰 자녀들을 키우는 지인이나 동료 상담사들에게 조언을 구하기도 한답니다. 그런데 사실 어떻게 해도 예쁘고 귀여워요.

편 지금 이 인터뷰는 제주도 표선에 있는 〈빅트리심리상담센터〉에서 진행하고 있습니다. 김아나 선생님은 서울에서 태어났고, 공부도 서울에서 하셨어요. 그런데 제주도에 심리상담센터를 개원하신 이유가 있을까요?

김 처음 제주도에 내려왔을 때는 센터를 개원해야겠다는 생각은 전혀 없었어요. 그냥 좋은 공기 마시고 아름다운 자연 속에 여행하듯 즐겁게 일 년 살이 하다가 다시 돌아가야겠다는 생각이었죠. 그런데 "한두 명이라도 상담하면서 녹슬지 않게 하라."는 지도 교수님의 말이 귀에 뱅뱅 맴돌더라고요. 그래서 처음에는 방 한 칸에서 시작을 했죠. 그랬다가 한 층, 한 채… 아이들이 점점 많아지고 센터가 커지게 되었어요. 제주에도 심리적 고충을 겪고 있는 아이들과 부모님들이 많다는 것을 알게 되었답니다.

편 많은 청소년들이 이 책을 통해 선생님을 만나게 될 거예요. 이 직업을 왜 청소년들에게 소개하고 싶으신가요? 청소년들이 어떤 마음으로 이 책의 페이지를 넘기면 좋을까요?

김 청소년들은 주로 부모님이나 학교 선생님을 통해 상담사들을 만나 상담을 받게 되는데요. 상담사들이 어떤 마음으로 준비를 하고 어떻게 아이들을 만나는지 알게 되면 보다 쉽게 다가가고 편안하게 느끼지 않을까 싶어요. 청소년들이 이 책의 한 페이지를 넘길 때마다 상담에 대한 이해와 상담사라는 직업의 매력을 느꼈으면 좋겠네요.

편 좋은 말씀 감사합니다. 『책임 있는 공감 능력 아동청소년심리 상담사』 편을 시작하겠습니다. 마음을 탐구하고 마음에 공감하는 이 직업이 너무 기대됩니다. 잘 부탁드립니다.

김 네. 저도 기대가 많이 됩니다. 잘 부탁드립니다.

김아나 상담사와
아이들의 로그

'왜?'보다는 '그랬구나!'

오늘도 씩씩거리며 상담실에 온 버럭이는 날씨가 흐려서, 오는 길이 힘들어서, 신발이 마음에 들지 않아서, 그리고 아이의 말로는 가장 작은 이유라지만 '학교에서 짝꿍과 다툰 일'로 화가 나 있었다. 맑은 하늘을 좋아하는 버럭이에게 "흐린 날씨는 너무 최악이구나, 오는 길이 멀어 힘들었겠구나, 다른 신발을 신고 오고 싶었나 보구나." 말하니 얼굴의 먹구름이 살짝 지나간 느낌이 들었다.

버럭이는 또래 친구들보다 체구가 작은 편이었다. 친구들과 장난치다가 밀면 가장 먼저 넘어지고, 그러고 나면 그건 더 이상 장난이 아니라 싸움의 시작이었다. 친구들이 나를 무시하는 것 같다, 친구가 나에게 일부러 시비를 걸었다는 생각부터 떠오르니 좋게 장난치는 시간보다 화내고 치고받는 횟수가 잦았다. 아이는 처음 상담을 시작했을 당시 상담 시간에 화를 내기도 했다. 보드게임에서 지면 화를 냈고, 클레이로 동그라미가 마음대로 만들어지지 않으면 또 화를 냈다. 그렇게 화를 내다가 가라앉았다가를 반복했다.

상담실에서는 깊은 공감과 더불어 버럭이의 인지적 오류와 문제행동에 대해 지속적으로 다루었다. 화를 내는 행동은 점점 줄어들었고, 학교에서 일어난 일로 감정이 상하거나 불쾌한 감정에 머무르는 시간도 눈에 띄게 줄어들었다. 그러다 우리의 마지막 상담 시간이 되었고, 버럭이는 아쉬움의 표현을 화내는 대신 '아무 말 하지 않기'로 버티기 시작했다. "버럭이는 영어가 자신 있다고 했지? 그럼 굿바이는 무슨 뜻이게?" 했더니 "안녕이요."라고 작게 이야기한다. "그래, 맞아, 그런데 Bye 앞에 Good이 붙었으니 우리 좋은 마음으로 안녕하고 인사했으면 좋겠다. 당연히 선생님도 너만큼 아쉬워. 네가 어떤 마음인지 충분히 느껴져." 하니 그제야 다가와 악수를 청하기도 하고, 다음을 기약하며 '좋은 안녕'을 할 수 있었다.

불편한 마음을 표현하는 아이에게 '왜?'보다는 '그랬구나!'로 공감해 주는 것만큼 큰 위로가 있을까 싶다. 아이들이 원하는 건 문제의 이유를 찾는 것보다, 결과를 알고 싶은 것보다, 과정에서 느끼는 감정을 고스란히 공감해 주길 바라는 것이 아닐까 싶다.

"소심아,
그동안 많이 힘들었지?"

교우 문제라고 했다. 자녀가 학교에서 친구와 다투었고, 그 사건으로 인해 친구들 무리에서 배제되었다고 했다. 학교 가기 싫다고 하고, 아침마다 힘들어한다고도 했다. 여자아이의 교우관계란 아주 섬세한 무엇이다. 아이에게도 엄마에게도 예민한 문제가 되곤 한다. 무리에서 소외되는 것, 친구에게 쉽게 다가가지 못하니 어울리지 못하는 소심함, 단짝이 없어서 느끼는 외로움, 유일한 단짝에게 지나친 집착, 친구 한 명을 두고 경쟁 등 많은 부분들이 문제가 되곤 한다. 사람과 사람 사이의 관계에 대한 문제는 아이나 어른이나 풀기가 어렵다.

내 앞에 마주 앉아 아무 말 없이 고개만 푹 수그리고 있는 소심이의 시간을 기다려주었다. 시간이 흘러도 충분히 기다려주었다. 그 침묵의 시간은 아이에게 많은 생각을 들게 했을 것이다. 그러다 마침내 내가 소심이에게 꺼낸 첫 마디는 "소심아, 그동안 많이 힘들었지?"였다. 말을 마치자마자 소심이는 그야말로 눈물 콧물 다 흘리며 엉엉 울기 시작했다. 그 모습이 참 안쓰럽고 짠하여 상담이고 뭐고 나 또한 콧날이 시큰해졌다. 아이도 엄마도 펑펑 울며 상담 후 돌아갔는데, 의외로 재상담을 오지 않았다. 걱정이 되었지만 아이 엄마는 소심이가 이제 괜찮을 것 같다고 했다.

몇 개월이 지난 후 우연히 학교에 일이 있어 들렀다가 소심이와 마주쳤다. 주변에 서너 명의 친구들이 재잘거리며 함께 있었고, 가던 소심이가 내가 기억이 났는지 휙 돌아보며 나를 향해 방긋 웃고 고개를 살짝 숙였다. 그 순간 얼마나 마음이 놓이는지 체기가 내려가는 것 같았다. 문제가 해결되지 않은 상태로 재상담이 이루어지지 않아 내심 자책하고 있었는데, 소심이의 미소가 그 무거움을 가볍게 만들어주었다. 나는 아직도 그때 했던 상담이 아이에게 얼마나 도움이 되었는지 잘 모르겠다. 어쩌면 그 당시에도 상담이 필요할 만큼 큰 문제가 아니었을지도 모른다. 하지만 기다려주는 시간, 말 한마디에 진심이 전해질 수 있다는 것, 그 진심이 아이에게 힘이 될 수도 있다는 것을 배우게 되었다.

아이의 담임선생님께
길고 긴 서신을 써서 보냈다

1학년 아이가 그린 학교 선생님은 큰 악어였다. 눈은 삐죽삐죽, 크게 벌린 입속에는 이빨이 뾰족뾰족, 화가 많이 났다고 표현했다. 그리고 크레용으로 죽죽 그어버리고, 구깃구깃 형태를 알아볼 수 없을 정도로 종이를 구겨버렸다. 어떤 날에는 클레이를 만지작거리다가 점토 칼로 찌르기를 반복하기도 하고 스스로를 '피 흘리는 귀신'이라고 표현하기도 했다. 어느 날 『미운 아기 오리』라는 동화를 보며 "너도 나랑 똑같다." 하며 휘리릭 책장을 넘기던 까칠이의 아이답지 않은 표정이 아주 쓸쓸해 보이기도 했다.

아이의 엄마는 까칠이가 주말에 잘 지내다가 주말이 끝날 때 즈음 몹시 불안해하고, 긴장하고, 그러면서 공격적인 모습을 보인다고 했다. 학교에 가는 것이 그만큼 아이에게 부담이 되고 힘들었던 것 같다. 한 학기가 끝나가는 동안에도 아이는 학교에 적응하기 어려워했다. 고민 끝에 나는 특단의 조치를 취하기로 했다. 엄마와 상담 시간에 동의를 구한 후, 아이의 담임선생님께 길고 긴 서신을 써서 보냈다. 아이의 현 상태에 대해 설명하고 정중히 도움을 요청했다. 그렇게 조금씩 환경의 변화를 꾀해보기로 했다.

2학기가 시작되고 얼마 되지 않아 까칠이의 긍정적 자기 말 메시지가 늘어나기 시작했다. 날리다 찢어진 비행기에 짜증 내지 않고 테이프를 찾아 스스로 고쳐 다시 날리고, 학교에 가져간 포켓몬 카드를 선생님이 찢지 않고 그냥 빼앗아가기만 해서 다행이라고 말하기도 했다. 엄마의 보고로는 주변 사람들이 까칠이가 많이 의젓해졌다고 했단다. 아이는 기특하게도 그렇게 조금씩 천천히 긍정적으로 적응해 갔다.

학교 선생님께 서신을 보냈던 그때, 상담사의 개입은 어디까지일까를 고민하며 망설이던 시간이 더 길었다면 아이는 그 시간만큼 더 힘들었을지도 모르겠다. 그리고 서신에 담긴 진심을 알아주고 협조적으로 대응해 주신 선생님 덕분에 아이는 보다 즐거운 학교생활을 할 수 있었다. 환경에서 이해받는 경험은 아이를 더 편안하게 해주는 것 같다. 이해받는 환경을 만들어주기 위한 노력은 어른들의 몫이 아닐까.

기쁨이가 센터에 오는
그 길에서 느끼는 즐거움

저 멀리 왁자지껄한 기쁨이의 목소리에 아이가 센터에 들어오기 전부터 행복한 마음이 들었다. 저 아이는 무엇이 저렇게 즐거워 오기 전부터 신이 나 있을까. 오기 전에 친구에게 달콤한 사탕을 하나 받았을 수도 있고, 잡고 오는 엄마의 손이 따뜻했을 수도 있고, 오후에 키즈 카페에 가기로 했을 수도 있다. 어쩌면 기쁨이에게 센터에 오는 것이 신나는 일 중에 하나일지도 모르겠다.

활기차게 들어와 불쑥 내민 작은 손에는 이름 모를 들꽃이 쥐어져 있었다. 오는 길에 선생님 주고 싶어서 주워왔다며 내밀었다. 아, 그 꽃을 전해주고 싶은 마음이 그렇게 너를 신나게 한 거구나. 그 마음이 예뻐서, 그 마음이 고마워서 감동을 받았다.

처음 기쁨이를 만났을 때, 나는 그 아이의 목소리를 듣기도 힘들었다. 괜히 눈치를 보고, 주변의 작은 소리에도 민감하고, 엉거주춤한 자세로 앉아 고개를 끄덕이거나 절레절레 젓는 것으로 말을 대신하던 아이. 이제 누구보다 활짝 웃고 누구보다 큰 목소리로 나와 대화하고 세상과 기쁘게 소통하게 되었다.

기쁨이가 센터에 오는 그 길에서 느끼는 즐거움, 신나는 마음, 그리고 기대감. 그러한 마음들이 나는 참 고맙고 보람이 된다. 마음이 어려운 아이들을 끝없이 만나 지칠 법도 한 나에게 많은 기쁨이들이 에너지를 차곡차곡 충전해 주고, 나를 보다 능숙한 전문가로 만들어 준다.

"선생님, 나는 원래 사람이었는데 괴물로 변했다가 다시 사람이 되고 있어요."

첫 회기에 슬픔이가 만든 점토 눈사람은 잔뜩 찡그린 표정이었다. 눈이 녹고 있어서 찡그리고 있단다. 원래는 의사였는데 억울한 누명을 쓰고 유령 눈사람이 된 거라고, 마음이 슬프다고 했다. 그다음 회기에는 초록 괴물을 만들었고 통에서 탈출하는 모습을 표현했다. 겉모습만 모고 사람들이 괴물이라고 말해서 또 슬프다고 했다. 통에 다시 괴물을 넣으며 사실 통에서 탈출하고 있는 이유는 엄마의 밥이 먹고 싶어서라고 아이가 말하는 순간, 나의 마음에 찡하는 울림이 일어났다. 아, 그렇지 슬픔이는 엄마가 없었지. 엄마가 좋은지 아빠가 좋은지 말하라고 해서 아빠라고 했는데, 그게 이혼인지 몰랐다고 했다. 다시 기회가 오면 엄마 아빠 둘 다 좋다고 말할 거라고도 했다.

아이의 이런 상처를 아는지 모르는지 슬픔이의 아빠는 연락이 거의 되지 않았다. 센터는 주변인의 도움으로 꼬박꼬박 잘 보내는데, 전화도 받지 않고 문자에도 답이 없고 상담이 전혀 되지 않았다. 그래도 빠지지 않고 센터에 보내주심에 감사하며 아이를 만나는 시간에 대한 책임감으로 나는 슬픔이에게 더욱 집중하게 되었다. 슬픔이가 학교에서 가장 많이 듣는 말은 "너 때문이야."란다. 반 아이들이 귀를 막고 얘기를 들어주지 않는다며 억울해했다. 엄마의 부재, 아빠의 관심 부족, 또래의 원망과 무시 속에서 슬픔이는 그렇게 작은 괴물이 되었나 보다.

상담하면서 슬픔이가 만든 점토 괴물을 영웅으로 바꾸어준 찰나의 순간이 있었는데, 그때 아이의 표정을 나는 잊으려야 잊을 수가 없다. 어둡고 슬픈 초승달이 환한 보름달로 채워진 듯한 느낌이 들었기 때문이다. 이후 아이는 보다 더 적극적으로 자신의 마음을 표현했고, 다른 사람의 입장을 고려하는 모습도 보였다.

그러던 어느 날 매주 올 때마다 들여다보던 초록 괴물을 조심스레 통에서 꺼내더니 살구색 클레이를 덧붙이기 시작했다. 원래 사람이었는데 괴물로 변한 거고, 다시 사람이 되고 있다는 슬픔이의 말을 들으며 나는 울컥했고, 감동했고, 더 이상 슬픔이는 슬픔이가 아니라는 생각이 들었다.

우리의 마지막 상담일에 슬픔이는 다시 눈물을 흘리기는 했지만 나중에 유명한 유튜버가 돼서 많은 사람들과 이야기 나눌 거라고, 그때 선생님과 또 얘기하고 싶다고 했다. 나는 지금도 가끔 슬픔이와의 상담이 떠오른다. 슬픔이도 나도 함께 성장했던 그때가 너무도 소중하고 의미 있는 시간이었음이 마음 한편에 잔잔하게 남아있다.

"마음을 알아주고 토닥여주면
걸음을 멈춘 아이는 다시 걷기 시작합니다."

'다다다다' 급하게 뛰어들어오는 발소리와 신발도 채 벗기 전에 "선생님!" 하고 들어오는 아이의 목소리는 "빨리 오고 싶었어요.", "할 얘기가 있어요."의 다른 말이다. 그리고 잔뜩 찌푸린 얼굴로 "아니~ 그게 아니고~"라고 하는 말은 "선생님, 제가 억울한 일이 있었어요.", "속상해요."라는 뜻이다.

오늘 학교에서 반 아이가 심하게 약을 올려 밀어버렸을 수도 있고, 엉겁결에 넘어지면서 다른 아이까지 넘어뜨려 울렸을 수도 있다. 짝꿍에게 하지 말라는 거절의 표현을 했는데 계속하여 짜증이 났을 수도 있고, 친구와 장난쳤는데 혼자만 혼이 났을지도 모른다. 반 아이와 친해지고 싶은 마음에 귀찮아하는지 모르고 계속 따라다니다가 무안한 소리를 들었을 수도 있고, 지나가는 길에 우연히 맞은 축구공 때문에 화가 나서 소리를 질렀을 수도 있다. 가장 친하다고 믿었던 친구가 다른 아이와 귓속말을 주고받았을 수도 있고, 생각만 해도 억울한 일이 있었을지도 모르겠다.

때로는 표정으로, 어느 때는 행동으로 그밖에 다양한 방법으로 마음을 표현하는 우리 아이들, 그 마음을 알아주고 토닥여주면 걸음을 멈춘 아이는 다시 걷기 시작하고 다시 뛸 힘을 얻는다. 매일 즐겁고 기쁠 순 없겠지만 마찬가지로 매일 슬프고 화날 수도 없다. 어른들이 다 이해할 수 없는 우리 버럭이들, 소심이들, 까칠이들, 기쁨이들, 슬픔이들의 다이내믹한 일상이 나와의 시간을 통해 행복과 긍정으로 채워진다면, 그리고 긍정으로 채우는 방법을 알아가는 시간이 된다면 나는 그 하루가 즐겁고 기쁠 것 같다.

아동 청소년
심리 상담이란

📵 아동 청소년 심리 상담이란 무엇인가요?

🔠 아동 청소년의 발달 과정을 폭넓게 이해하고 다양한 심리적 건강 문제를 해결하는 거예요. 아동 청소년이 가진 심리적 문제를 변화시키고 해결을 촉진하고, 근본적으로는 이런 문제들을 예방하기 위해 전문가가 개입해서 진행하는 상담이죠. 다양한 견해가 있지만 결국에는 훈련을 받고 자격을 갖춘 상담사가 내담자, 즉 상담 온 아이들과의 건강한 관계를 형성해서 아이가 겪고 있는 생활 과제, 행동, 감정적 문제를 함께 해결한다는 의미가 있어요. 그래서 아동 상담은 일반 성인 상담과 상담의 맥락에서는 비슷하지만 특수성이 있어요.

말이 복잡하고 어렵죠. 보다 쉽게 말하면, 전문적으로 훈련받은 사람이 심리적 어려움을 겪고 있는 아동 청소년들의 문제를 해결할 수 있도록 돕거나, 문제가 발생하기 전에 예방하는 차원으로 진심으로 생각과 마음을 나누는 과정이에요. 그 과정에서 막막해하던 아동 청소년들이 터널 끝에 빛이 보이는 것처럼 길을 찾아가기도 하고, 불안한 어둠 속에 갇혀 있다가 밖으로 한 걸음 나올 용기가 생기기도 하죠.

성인 상담과 어떤 차이가 있나요?

편 성인 상담과 어떤 차이가 있나요?

김 아동 청소년은 아직 어리다 보니까 가족이나 친구 등 주변 환경에도 관심을 두고 개입해요. 아동만 변화시키는 게 아니라 아동의 주위 환경을 같이 개선하도록 돕는 일이 포함되어 있어요. 아동 청소년이 주위 환경을 통제하기는 어려우니까요. 특히 부모 상담을 같이 하는데, 아동 청소년 문제 해결을 놓고 그들이 역할을 잘 해낼 수 있게 돕는 거죠.

편 아동 청소년 상담이지만 실질적으로는 부모 상담이 포함되어 있어서 상담의 범위와 대상이 넓네요.

김 맞아요.

편 아동과 청소년 상담은 비슷한가요?

김 아동과 청소년은 연령에 따라 쌓인 지식과 그에 따라 받아들이는 수준이 다르기 때문에 상담의 내용이나 형식이 달라요.

편 성인 상담과 가장 큰 차이는 무엇인가요?

김 성인은 언어로 자기의 마음을 표현하고 자기가 처한 상황을 조리 있게 구체적으로 설명할 수 있어요. 하지만 아이들은 언어를 통해 자기 마음이나 상황을 표현하는 게 어려워요. 성인 상담은 언어를 통해 진행하지만 아이들을 언어만으로 상담을 진행하는 데 한계가 있어요. 그래서 인형이나 피규어와 같은 장난감을 사용하거나 미술 재료와 도구를 활용하기도 해요. 아이들이 시연하는 놀이와 표현 속에 마음이 담겨 있거든요. 예를 들면, 미국의 911테러 사건으로 트라우마를 겪는 아동이 장난감 비행기로 인형의 집에 부딪혀 떨어지는 놀이 과정을 반복하다가 어느 날부터는 인형의 집으로 날아오던 장난감 비행기가 방향을 바꾸어 그 집을 피해 지나가고 모두가 안전하게 돼요. 그렇게 놀이 안에서 공포와 불안함을 마음껏 표현하고, 안정감을 찾는 방법을 터득하고, 다시 놀이로 표현하면서 트라우마를 서서히 극복하게 되죠. 학교 다닐 때 공부하다가 본 내용이 갑자기 생각이 났네요.

편 치료 효과는 누가 더 빠른가요? 아동 청소년이 성인보다는 조금 더 빠를 거 같아요.

김 제 개인적인 생각으로는 나이가 많을수록 축적돼 온 경험들이 있으니까 변화하기가 쉽지 않은 것 같아요. 아무래도 성인보다는 아이들의 변화가 더 빠르겠죠.

그룹 상담에서 마음의 색깔을 표현하는 소규모 작품 전시회를 열었다. 두 달에 걸쳐 준비한 프로젝트였다. 그 과정에서 아이들은 마음껏 표현하고, 열심히 준비하였다.

편 아동 청소년의 발달 과정은 이론적으로 정해져 있나요? 어느 시기에는 어떤 발달을 해야 한다는 기준이 있고, 거기에 미치지 못할 경우에 상담이 필요한 거예요?

김 정상 발달 수준에 미치지 못할 경우 상담이 필요할 수도 있어요. 그런데 아이들의 지식수준이나 처한 환경 등이 다 다르잖아요. 개인차가 당연히 있어요. 다만 상담사의 입장에서 보면 아이들이 그 연령대에 맞게 발달하고 있는지, 어느 정도의 기준을 세워놓고 살펴보죠.

편 그럼 아동청소년심리상담사는 아이들이 연령에 따른 발달 기준에 맞게 성장하도록 도와주는 역할인가요?

김 네. 맞아요. 그런데 발달은 정상적으로 성장했지만 마음 상태가 안 좋은 아이들이 있어요. 우울하거나 무기력하거나, 아니면 조절이 안 되는 문제를 갖고 있는 거죠. 분노 조절이 안 되고 과잉행동이 심한 경우, 심리적 문제, 가족 내 스트레스, 학대 등으로 인해서 상담을 받는 친구들도 있고요.

심리 상태를 좋게 변화시키고 문제가 잘 해결되도록 촉진시킨

다는 거네요.

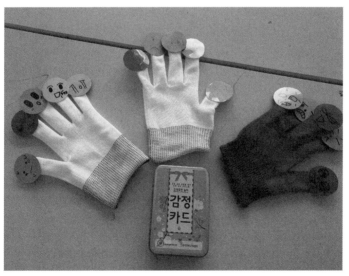

감정 카드를 사용한 수업의 방법은 굉장히 다양하다. 다섯 가지 표현하고 싶은 감
정을 선택하여 장갑에 꾸며보았다.

편 상담의 분야는 어떻게 나누어져 있나요?

김 일반 사람들은 상담이 심리치료와 같은 의미라고 생각하는데, 원래 상담이란 정신적 질환이 없는 정상인을 대상으로 하고 있어요. 즉 발달에 문제가 있거나 약이 필요한 경우에는 치료를 한다고 표현해요. 약의 도움 없이 상담만으로 개선될 수 있는 상황일 경우에만 상담이라고 하죠. 상담은 대상과 문제에 따라서 분류하기도 하고, 형태에 따라서 분류하기도 해요. 대상과 문제에 따라서 분류를 해볼까요? 성격적인 문제로 오면 성격 상담이 되는 거고 학업 관련이면 진로 상담 쪽으로 분류하죠. 일대일 상담, 가족이 다 같이 상담을 받는 가족 상담, 아이들 전체가 집단으로 참여하는 집단 상담 등으로 분류해요. 상담을 기법에 따라 분류하면 미술 매체를 활용한 미술 상담, 장난감이나 놀잇감을 활용한 놀이 상담, 모래 놀이를 이용한 모래 놀이 상담 등이 있어요. 최근에는 독서, 음악, 연극 등을 활용한 상담도 많이 하더라고요.

그리고 상담사마다 추구하는 전문적 이론이 다 달라요. 무의식적인 세계를 이용하는 정신역동적 상담, 내 머릿속에 있는 생각을 바꿔서 마음을 바꾸고 더 나아가 행동을 변화시키는 인지행동적 상담, 철저하게 현재를 중심으로 풀어나가는 현상학적 상담이 있어요. 여러 가지를 절충해서 하는 상담사도 있고, 한 가지의 이론을 중심으로 상담을 진행하는 상담사도 있어요. 정신역동적 상담은 예를 들어 과거 어린 시절을 탐색해서 무의식 속에 있던 것들이 방어 기제로 나타난다고 보는 이론이에요. 현상학적 상담은 지금 내가 느끼고 있는 감정에 집중하는 거고요. 저는 주로 인지행동적 상담을 많이 해요.

편 내 생각을 바꾸면 내 감정도 달라지고, 최종적으로는 행동도 바뀐다는 건가요?

김 네. 맞아요. 인지행동적 상담에서는 생각과 행동이라는 연결고리가 중요하죠.

편 저처럼 보통 사람들이 생각하는 상담이 인지행동적 상담인가 봐요. 아이들의 행동이 바뀌길 바라는 마음으로 상담을 받는다고 생각하거든요.

김 인지행동적 상담에는 교육적인 부분이 같이 들어가요. 그래서 아이들에게 사회기술훈련을 익히게 한다든지, 대안 상황을 주고 그 문제를 해결해 보도록 한다든지 구체적인 방안들이 많이 들어가죠. 그게 좀 달라요.

◆ 상담의 분야 ◆

구분	분류
대상과 문제	일반 상담, 위기 상담, 애도 상담, 성격 상담, 학업 상담, 진로 상담 등
형태	개인 상담, 가족 상담, 집단 상담 등
상담 기법	언어 상담, 미술 상담, 놀이 상담, 모래 상담, 독서 상담, 음악 상담, 원예 상담, 연극 상담 등
상담 이론	정신역동적 상담, 인간중심적 상담, 인지행동적 상담, 현상학적 상담, 개인심리학적 상담, 절충적 상담 등

심리상담사를 찾아오는 아이들은 어떤 어려움을 겪고 있나요?

편 심리상담사를 찾아오는 아이들은 어떤 어려움을 겪고 있나요?

김 친구 문제나 학교생활을 힘들어하는 아이들이 많이 와요.

편 아이들이 가장 힘들어하는 문제가 상담의 주제가 되겠네요.

김 너무 우울하거나 특정 대상에 대한 공포가 극심한 아이들도 있어요. 조류 공포, 거미 공포, 죽음에 대한 공포도 있어요. '우리 엄마가 빨리 죽으면 어떻게 하지?'에 대한 공포가 심하기도 해요. 요즘에는 미디어의 발달로 아이들이 자기도 모르게 유튜브의 위험한 영상에 노출이 되는 상황이에요. 아이들은 상상력이 풍부하니까 자기 경험과 결합돼서 공포가 극심해지기도 하죠.

편 어떤 아동과 청소년들에게 상담이 필요한가요?

김 심리적인 문제가 없는 사람도 있지만, 질풍노도의 시기인 청소년기에는 심리적 불편감을 겪는 아이들이 많을 거라고 생각해요. 청소년기는 특히 교우관계나 성적 문제로 스트레스를 많이 받는 것 같아요. 마음이 힘들어 일상생활에 지장을 줄 정도가 되면 더 힘들어지기 전에 주저 없이 와야죠.

긍정적 기분-부정적 기분의 차이를 알고 그림과 감정 단어, 상황으로 표현하였다.

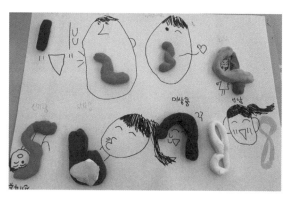

숫자에서 떠오르는 모양에 감정을 클레이로 표현해 보았다. 기발하고 독창적이다. 일상에서 느끼는 감정이 무심결에 표현되기도 한다.

마음이 힘들어지면 생활 속에서 어떻게 나타나나요?

편 마음이 힘들어지면 생활 속에서 어떻게 나타나나요?

김 수면 문제나 식습관 문제가 나타나기도 하고, 몸이 계속 아프거나 물에 젖은 솜처럼 처지기도 하죠. 어떤 활동에도 의욕이 없거나 흥미가 생기지 않고 즐거움이 없어요. 사회와 동떨어져 적응하지 못하고 계속 혼자 있고 싶거나 순간적으로 감정 조절에 어려움이 생기기도 해요.

편 아이들이 부모님의 권유로 오나요?

김 요즘에는 아이들이 자신의 마음이 힘들다는 걸 충분히 느끼는 것 같아요. 부모님께 전문가에게 상담받고 싶으니 데려다 달라고 하는 애들이 많더라고요. TV에 상담 프로그램이 많이 나오잖아요. 그래서 자신도 전문가 선생님을 한번 만나보고 싶다고 하는 아이들이 꽤 있어요. 초등학생이 고학년이 되면 상담을 받아보고 싶다고 얘기한대요. 그리고 아이는 심리적 어려움이 전혀 없지만, 부모 입장에서 아이에 대해서 잘 모르겠고, 어떻게 양육하면 좋을지 코칭을 받고 싶어서 예방적 개입으로 오기도 해요. 문제는 없지만 앞으로 벌어질 일들에 대해서 내 아이의 마음이 좀 단단했으면 좋겠다는 거죠. 그리고 한 부모 가정 같은 경우에 아이를 혼자 키우는데 이걸로 애들이 기죽을까 봐 미리 아이의 마음을 단단하게 해놓고 싶어서 오는 분들도 계세요.

편 사춘기를 맞이한 청소년의 경우, 문제행동인지 사춘기에 따른 자연스러운 발달인지 헷갈릴 것 같아요.

김 네. 막상 만나보면 그냥 사춘기에 진입한 아이인데, 엄마의 내적인 부분이 해결이 안 되는 거예요. 사실 엄마의 문제를 아이의 문제라고 생각하는 분들도 굉장히 많아요. 청소년기에 아이들이 제일 많이 겪는 문제는 또래 관계와 성적 문제가 아닐까 싶어요.

편 성적 때문에 심리 상담이 필요한 경우에는 어떤 문제들이 나타나나요?

김 열심히 공부하고 성적이 잘 나오던 아이가 갑자기 성적이 떨어지면 어떤 문제가 있어서 그런 건 아닐까 생각해야죠. 주의 집중이 안 될 만한 특별한 이유가 있는 건지, 아니면 교우관계에 어떠한 문제가 있는 건 아닌지, 성적에 영향을 미칠만한 여러 가지 상황에 대해 다각적으로 접근해요. 또는 항상 최고의 결과로만 인정받고 싶어 1등을 놓칠까 봐 불안한 아이, 성적 자체에 스트레스를 받는 아이도 있을 수 있겠죠.

편 만약에 사춘기 학생이 교우 관계에 문제가 있다고 하면 어떻게 상담을 하나요? 왜냐하면 왕따를 시키는 친구들과 같이 상담할 수는 없잖아요.

김 저는 그래서 가해 아이들도 같이 상담을 받아야 한다고 생각하는 사람이에요. 어쨌든 피해 아동 입장에서는 왕따 문제가 아직 진행형일 수도 있고, 지나갔어도 당시의 일을 떠올리며 괴로워할 수도 있어요. 순간순간에 일어나는 괴로운 감정에서 어떻게 벗어날 것인지 같이 탐색하고 이야기 나누면서 상담을 통해 한번 쉬었다 가는 거죠. 털어놓을 곳이 있어야 하는데 부모님과의 대화는 사실 한계가 있잖아요. 그리고 어떤 부모님은 화를 내기도 해요. 공감이나 위로를 받지 못하는 청소년들에게 상담이 필요하다고 생각해요.

심리 상담이 왜 중요하다고 생각하세요?

편 심리 상담이 왜 중요하다고 생각하세요?

김 상담을 통해 심리적인 문제를 조기에 발견할 수 있고, 또 예방이 가능하기 때문에 중요하다고 생각해요. 아동 청소년이 불안한 심리 상태로 자라서 어른이 된다면 정신적, 신체적으로 건강하지 못한 성인이 되는 거예요. 불안한 아이는 불안한 어른이 되고, 마음의 문제가 해결이 안 된 어른이 다시 자녀를 낳으면 자신의 불안과 힘듦이 아이에게 대물림되는 경우가 많아요. 그래서 부모 상담할 때, "어머니 마음속에 어린 시절의 아이가 아직 자라지 않은 것 같아요. 그 아이와 먼저 대화를 하는 게 필요합니다. 그 아이를 먼저 돌봐주시면 좋겠어요."라고 말씀드려요. 아동 청소년 시기에 해결되지 못한 문제와 감정들이 제대로 처리되지 않은 상태인데, 거기에다가 어른이 될수록 감당해야 하는 또 다른 스트레스들이 고스란히 쌓이잖아요. 어린 시절의 감정 혼란도 해결이 안 됐는데 그 위에 다른 문제들이 쌓이고 쌓이다 보면 성인이 되어서도 고통이 끝나지 않고 이어지는 거죠.

어린 시절에 느꼈던 복잡한 마음의 문제가 해결이 안 되면 어떻게 되나요?

김 억압된 감정들은 사회 문제로 이어지거나 자녀한테 이어지는 방식으로 표출이 되죠. 그럼 그 자녀도 심리적 압박을 받게 되고, 그 스트레스가 부모에게 또는 또래에게, 사회에 건강하지 못한 방식으로 순환되는 경우가 많아요.

위기의 순간에 가장 먼저 떠오르는 사람을 표현하였다. 부모와 친구는 아이들이 마음 깊이 의지할 안식처이다.

편 최근에 상담 수요가 많이 증가했나요?

김 사실 아동 청소년 자녀를 둔 부모님은 심리 상담보다 학업이 중요하다고 생각하세요. 가정 경제가 어려워지면 제일 먼저 정리하는 게 예체능계 학원들과 심리 상담이에요. 학원비로 많은 돈을 지출하지만 자녀들의 심리 상담에는 왜 비용을 지출해야 하는지 회의적이죠. 분명히 도움이 필요한 아이들은 기하급수적으로 늘어나고 있는데 비용 문제가 걸리기 때문에 저는 부모님들의 경제적 부담을 줄여야 한다는 생각을 했고 그래서 국가 지원 바우처 사업을 신청했어요. 부모님 입장에서는 바우처를 이용하면 경제적으로 부담을 덜게 되니까 상담이 훨씬 안정적으로 진행돼요. 바우처는 재신청하면 최대 2년까지 지원을 받을 수 있기 때문에 내담자나 상담사 모두 안정적으로 상담 관계를 유지할 수 있어요. 상담 수요는 계속 증가 추세라 저희 센터 같은 경우 대기 인원이 발생하고 있고, 그래서 기다리고 있는 아이들을 생각하면 제 마음이 급해진답니다.

국가 바우처 제도에 대해 알려주세요.

편 국가 바우처 제도에 대해 알려주세요.

김 지역사회 서비스 투자 사업이 있는데, 시·도마다 달라요. 대상자는 소득 기준으로 몇 퍼센트 이하인 가정인데, 읍면동사무소에 가서 신청하고 지원을 받는 바우처가 있어요. 이 바우처의 주관은 보건복지부예요. 또 하나는 발달재활 바우처라는 게 있어요. 이건 교육청에서 주관하는 거죠. 발달이 지연된 아이들에게 프로그램을 지원해 주는 거예요. 지역사회 바우처처럼 카드 형태로 사용해요. 교육청 발달재활 바우처 말고 위 클래스Wee Class를 지원해 주는 바우처가 또 있어요. 이건 학교마다 있는 위 클래스에서 다 소화하지 못할 때, 지역에 있는 사설 센터로 연결하고 그 상담비를 국가에서 지원해 주는 거예요. 얼마 전에 저희 센터도 협약을 맺었어요.

이렇게 세 가지 말고 더 있을 수도 있는데, 중복은 안 돼요. 이미 하나를 지원받고 있으면 다른 건 지원이 안 되는 거죠. 한 아이가 다 받을 수 없으니까요. 그런데 서울이나 수도권은 너무 많은 아이들이 신청해서 바우처를 선정 받기까지의 과정이 힘들다고 들었어요. 대기도 굉장히 많고요. 제가 거주하는 제주도는 대기자가 발생해도 한두 달 이내에는 다 선정되는 것 같아요. 그 사이에 너무 급하면 본인이 부담하고 오는 분들도 있고, 바우처가 되면 상담하러 오겠다고 하는 분들도 있어요. 그건 부모의 선택이니까요. 소득 기준도 지방일수록 범위가 더 넓은 것 같아요. 서울, 경기를 제외한 지방은 상황이 비슷해서 다들 바우처를 무난하게 받아오시더라고요.

📭 도움이 필요한 모든 아이들이 바우처를 꼭 받을 수 있으면 좋겠네요.

아동 청소년 심리 상담의 역사는 어떻게 되나요?

편 아동 청소년 심리 상담의 역사는 어떻게 되나요?

김 제가 책에서 본 내용인데요, 상담Counselling의 어원은 라틴어의 Counsulere에서 유래된 것으로 '고려하다(to Consider)', '조언을 구하다(to ask Counsel of)', '반성하다(to Reflect)'등의 의미를 지닌다고 해요. 이후 다양한 학자들의 상담에 대한 견해 차이가 있지만 결국 훈련을 받고 자격을 갖춘 상담사가 내담자가 당면한 생활 과제, 행동 및 감정적인 문제를 해결하는 것이죠. 아동 상담은 일반 성인 상담과 비슷하지만 아동을 대상으로 하는 상담을 의미해요.

우리나라의 청소년 상담은 1980년대 후반 청소년 관련 기관에 상담실이 설치되며 YMCA 같은 단체들의 상담실과 함께 시작해 온 것으로 알고 있어요. 1990년대에는 대도시를 중심으로 상담실이 활성화되면서 다양한 문제를 다루게 되었고, 보다 전문적이고 체계적인 시스템을 도입하게 되었다고 할 수 있죠. 2000년대에 들어서 실질적으로 청소년상담복지센터라는 명칭으로 청소년 상담 기관이 자리 잡게 되었어요.

편 의학적으로는 언제 도입이 됐나요? 정신건강의학과에서 약물로만 하다가 심리 상담이 치료에 포함된 건가요? 아니면 원래 심리 상담이 정신건강의학과 의사의 영역이었는데 역할이 분리된 건가요? 상담사라는 자격이 언제부터 도입이 된 거예요? 다른 나라는 언제 심리 상담 자격 제도를 도입했는지, 그리고 심리상담사가 생기기 전과 후의 변화에 대해 알고 싶어요.

김 의학적 도입이라기보다는 정신건강의학과 심리학은 공통점과 차이점이 있어요. 마음의 문제, 마음이 무엇인지 이해하고 해결하려고 하는 것은 공통점이라고 할 수 있겠죠. 하는 일이 구분 없어 보일 수 있겠지만 사실 (예전) 고등학교 시절에는 문과와 이과를 선택하면서 달라졌어요. 우리나라의 경우 정신의학은 의과대학에, 심리학과는 사회과학대학에 속해있어요. 심리학과는 인간의 심리와 관련된 영역을 연구하고 후에 상담사가 되면 병원에 가기 부담스러워하거나 약물을 복용할 정도의 중증이 아닌 범위의 내담자를 만나게 될 확률이 높겠죠. 반면에 정신의학은 치료를 위한 정신병리에 대해 집중하고 연구해요. 의사로서 기본적인 신체질환과 치료법, 뇌 과학, 약물학, 유전학 등을 깊이 있게 배우고 연구하여 환자를 어떻게 치료할 것인지에 집중하죠. 최근에는 학부에서 심리학을 전공하고 의학전문대나 의과대학에 편입해서 정신의학을 전공하기도 한다고 들었어요. 심리학자와 정신건강의학과 의사가 함께 연구하기도 하고요. 그러고 보면 두 영역이 서로 협조적 관계에 있는 것 같기도 해요.

일본의 경우 우리나라와 다르게 반드시 공인된 학사(4년)와 석사(2년)과정을 졸업하고 자격시험에 합격해야 상담사가 될 수 있다고 해요. 공인심리사라고 부르더라고요. 미국과 영국은 임상심리사 양성과정이 박사과정으로 있고, 캐나다는 전문상담사라고 부르는 직종이 있는데 해당되는 석사과정을 졸업해야 한다고 해요. 우리나라는 2000년대 초반부터 청소년상담사라는 국가자격제도가 시행되었어요. 예전에는 상담 전공자보다는 자원봉사자 위주로 청소년 상담이 이루어지기도 했죠. 하지만 이제는 관련 학과를 전공하고 전문 학회에 가입하여 활동하는 전문가들이 다수 배출되어 보다 세밀하고 전문화된 상담이 이루어지고 있어요.

◆ 참고: 캐나다 전문상담사 공인과정 목록 www.ccpa-accp.ca

편 심리 상담과 관련된 법률이 있나요?

김 최근 보건복지부가 발주한 심리서비스법 연구가 공개되면서 난리가 났었어요. 심리학 전공자들만이 심리 상담을 할 수 있고 센터를 운영할 수 있다는 자격 조항 때문에 상담 분야 교수님들 1,500여 분이 반대 성명서를 냈어요. 심리상담사들은 청와대 국민청원까지 올렸죠. 아직 법안이 통과되기 전인데, 가는 길이 순탄하진 않을 것 같아요. 통과되더라도 보다 많은 시간이 걸릴 것 같고요. 저는 심리서비스 법제화를 통해 보다 질 높은 심리 서비스를 제공해야 한다는 것에는 어느 정도 동의하지만, 그렇다고 심리학 전공 여부가 전문성을 판단하는 기준은 될 수 없다고 생각해요. 상담사로 다양한 분야를 공부하고 연구하는 학생들, 현직에 있는 많은 상담사들은 존중받아야 한다고 생각하거든요.

심리 상담 제도가 제일 잘 되어 있는
나라는 어디인가요?

편 심리 상담 제도가 제일 잘 되어 있는 나라는 어디인가요? 영화를 보면 외국에는 상담을 의무적으로 받아야 하는 제도도 있는 것 같아서요.

김 의무적으로 받는지는 잘 모르겠는데, 문제가 생겼을 때 아이를 적극적으로 보호하며 개입하는 나라가 있어요. 스웨덴의 바르나후스Barnahaus 모델인데요, 스웨덴어로 아동·유아란 뜻의 바르나Barna와 집Haus을 합한 말이에요. 아이들에게 성폭력이나 어떤 사건이 발생했을 때, 우리나라의 경우 피해 아이가 1차로 조사를 받고 이후 또 조사를 받으며 같은 얘기를 반복해서 진술하면서 마음의 상처를 받아요. 그런데 바르나후스 제도는 한 지붕 아래에서 한 번만 하는 거예요. 바람직한 방향인 것 같아요. 아이가 진술할 때 상담사가 같이 있고, 그걸 전면 창 너머에 있는 전문가들이 한곳에 모여서 관찰하고 듣는 거죠. 그렇게 하면 아이에게 상처가 덜 가고, 최소한 2차 가해는 없게 되죠. 외국은 철저하게 아동 중심이고, 아이를 하나의 인격으로 존중한다는 게 이런 데서 굉장히 크게 느껴지더라고요. 우리나라에도 도입되면 좋겠어요.

◆ 2022. 2. 2 한겨레 관련 기사
　www.hani.co.kr/arti/society/society_general/1029453.html

피해 아동이 불려다니지 않게···바르나후스, 한국도 가능할까

[뉴스AS] 영상진술 증거 '위헌 결정' 뒤 논의
북유럽 등 도입한 아동 학대 피해자 조사 모델
전문조사관이 '하나의 장소'서 조사 진행해

바르나후스, 한국에 맞게 도입하려면

이날 토론회에서 전문가들은 바르나후스 모델을 한국 현실에 맞게 도입하기 위한 방안을 논의했다. 전문가들은 미성년 피해자를 보호할 수 있는 환경 구축이 우선이라고 입을 모았다. 정명화 변호사는 "기존의 아동 해바라기센터(센터) 또는 그에 준하는 시설을 활용해 피해자 조사 장소를 통일할 수 있다"고 했다. 아이슬란드처럼 미성년 피해자가 아동·청소년 친화적인 공간에서 센터 내 아동 전문 수사관의 조사를 받을 수 있도록 하자는 것이다. 정 변호사는 또 "반대신문 사항이 있다면 담당 아동 전문 수사관을 통해 질문하도록 해야 한다"며 "반복 회상·진술, 공격적 질문 등으로 인한 2차 피해를 막기 위한 조치"라고 했다.

상담은 어떻게 이루어지나요?

편 심리 상담은 어떻게 이루어지는지 알려주세요.

김 처음에는 스크리닝 Screening이라고 해서 아이에게 상담이 필요한지 아닌지 판단하는 단계가 있어요.

편 상담이 필요한지 아닌지 먼저 판단하는 거죠? 그 판단은 어떻게 하는 건가요?

김 만나기 전에 전화 통화로 얘기하기도 하고, 가벼운 검사를 먼저 해보기도 해요. 예를 들면 학교에서는 교육부 지침에 따라 새 학기가 시작될 때 아동정서행동발달검사를 시행하여 대상자를 선별해요. 그런 것처럼 센터에 처음 온 아이와 이전 검사 경험이 있으면 검사 결과를 살펴보기도 하고, 그렇지 않은 아이들은 자기보고식 검사를 가볍게 해보기도 한답니다. 그리고 초기 상담을 하는데요, 앞에서도 말씀드렸지만 아동 청소년 상담의 특수성이 부모님도 상담에 함께 참여한다는 거예요. 아이와 부모님을 같이 만나보고 어떤 부분에 어려움이 있는지, 아이가 느끼는 어려움이 뭔지, 부모가 바라보는 아이의 어려움은 뭔지 함께 얘기하죠. 이게 초기 상담이에요. 그다음에 검사가 필요한 경우에는 스크리닝 때 했던 가벼운 검사보다 심층적인 심리 검사를 해요. 그리고 검사 결과에 따라서 이 아이를 어떤 과정으로 상담해 갈 것인지 목표와 상담 방법을 정하죠.

편 상담의 목표와 과정을 정할 때에는 상담사가 혼자 정하는 건가요, 아니면 보호자와 협의를 하시나요?

김 전문가가 검사 결과를 분석해서 아이에게 이런 어려움이 있어 보인다고 말씀을 드려요. 그리고 추후에 어느 부분까지 달성하는 것을 목표로 한다고 보호자와 얘기를 하죠. 아이와도 얘기하고요. 상담사가 정한 목표와 과정을 보호자와 아이에게 충분히 설명해요.

편 보호자들이 상담사가 정한 목표를 부족하다고 느끼는 경우는 없나요?

김 저 같은 경우는 상담 목표를 여러 개 잡지는 않아요. 그런데 보통 보호자가 오면 이것도 문제고 저것도 문제라고 여러 가지를 한번에 말씀하세요. 그러면 저는 그중에서 우선순위 목표부터 정해요. 제일 먼저 개선돼야 하거나 시급한 것을 우선순위로 정하고 그

것부터 개입을 하겠다고 하죠. 그렇게 정리하지 않으면 목표가 두루뭉술해지면서 길을 잃을 수도 있어요.

편 심리 상담으로 아이의 모든 문제를 한꺼번에 고치고 싶은 부모님들이 있겠네요.

김 부모님의 욕심에 맞춰서 목표를 여러 개 세우면 상담의 목표가 달성이 됐는지 안 됐는지 특정하기도 어렵거든요.

편 그렇게 심리 상담의 목표와 방법을 정한 다음에 상담에 들어가는 거죠?

김 네. 보통 상담 단계를 초기, 중기, 말기로 나누어요. 상담 말기 정도 되면 결과에 대해서 같이 평가하고 상담을 종결할 건지 아니면 연장할 건지 다시 얘기하죠. 상담 과정에서 새로운 문제가 발생할 수도 있거든요. 그러면 그걸로 다시 목표를 잡아서 상담을 연달아 진행하기도 해요.

편 그럼 상담 목표와 방법을 다시 설정해야 하나요?

김 저는 이전 상담에서 잘 진행되었던 부분이나 더 다루어져야 하는 부분에 대해 짚어보고, 새로운 목표에 대해 어떻게 접근할 것

인지 고려하여 다시 아동과 부모님과 이야기를 나누는 편인데 상담사마다 다른 것 같기는 해요.

편 아이가 어느 상담사를 만나느냐에 따라서 상담 목표와 방법이 달라지겠네요.

김 상담사들마다 자신들이 추구하는 학문적 이론이 다르고, 그 이론에 따라 각자 다르게 목표를 세우기 때문에 어느 상담사를 만나느냐에 따라서 상담은 당연히 달라져요. 저는 반 구조화된 형태로 하는데요, 50퍼센트는 제가 끌고 50퍼센트는 아이가 주도할 수 있게 해요. 어느 정도는 그날의 목표와 상담 계획을 세워 놓지만 아이의 상태에 따라서 흐름을 따라가는 방식으로 진행하죠. 상담사의 입장에서는 아이마다 처해 있는 문제가 다르기 때문에 다 똑같은 방법으로 상담할 수는 없어요.

가장 기억에 남았던 상담은 뭐예요?

🔲 가장 기억에 남았던 상담은 뭐예요?

🔲 약 5년 전이에요. ADHD, 우울증, 폭력행동 등으로 또래와 어울리는데 어려움이 있는 아이였어요. 그리고 엄마 없이 아빠 혼자 아이를 키우셨는데, 아빠는 일을 하느라 바쁘셔서 아이가 계속 외톨이 상태로 있었죠. 6개월 정도 상담을 했는데, 저와 아이가 서로 마음을 여는 터닝 포인트가 있었던 것 같아요. 아이와 제가 느낀 순간이 같을지는 모르겠지만 그 순간이 지나면서 아이가 마음을 열기 시작했거든요. 나중에는 반에서 단짝 친구도 생기고, 빼빼로데이에는 같은 반 여자 친구가 자기한테만 빼빼로를 줬다고 자랑도 했어요. 학교에 가는 게 좋다고 하더라고요. 상담 초기에는 학교 가기 싫다고 했었거든요. 그랬던 아이가 학교생활을 즐거워하는 아이로 변화하는 걸 보면서 너무 보람됐어요.

🔲 이 아이는 6개월 동안 심리 상담을 꾸준히 받은 거네요.

🔲 하루도 안 빼고 꾸준히 왔어요. 지역아동센터에 다니는 아이여서 센터 선생님이 관리해 주셨죠. 연계가 잘되었어요. 지역아동

센터 선생님께서 아이를 어떻게 대하면 좋을지 저희와 꾸준히 대화했고요. 부모님의 자리는 공백이었지만 지역아동센터와 저희의 연계가 도움이 된 것 같아요.

📷 학교 친구들도 좋아했겠네요.

🔑 그렇죠. 항상 혼자 있던 아이가 나중에는 친구들에게 마음을 열었으니까요. 저도 마음이 편해졌어요. 아이들은 마음이 바뀌면 안색이 바뀌어요. 축 처져서 세상의 모든 고통을 다 짊어진 것 같은 아이들이 있는데, 이 아이가 그랬어요. 아홉 살 아이의 낯빛이 이미 어두웠죠. 그랬던 아이가 상담 종결쯤에는 얼굴 표정도 밝고 환했어요. 목소리 톤도 달라지고요.

📷 그 아이는 어떤 마음의 문제가 있었나요?

🔑 제가 검사한 건 아니었는데, 검사 결과를 보니까 ADHD와 우울증이 있었어요. ADHD로 인해서 자기 행동 조절이 안 되니까 순간적으로 욱해서 욕하고 친구를 때리는 거예요. 그런 행동 때문에 사회적으로 부정적인 피드백을 계속 받고요. 선생님한테도 혼나고, 친구들과도 싸움이 나는 거죠. 그 아이로 인해서 다른 아이들도 힘들었겠지만, 그 과정에서 아이의 마음도 많이 힘들었을 거예요.

그리고 성폭력 사건의 가해 아동이 기억에 남아요. 우리나라는 재판을 받으면 법정에서 인정하는 시간만큼 성폭력 교육을 받아야 해요. 상담을 받았다는 확인을 받아서 법원에 제출해야 되거든요. 상담을 받으러 왔는데, 아이는 어두운 표정으로 위축돼서 겁먹은 상태였어요. 그런데 부모님이 너무 당당하더라고요. 어머님 하시는 말씀이 내 아이는 형들과 어울리다가 그 형들이 시켜서 한 거라며 아무런 잘못이 없다는 거예요. 심리 상담이 필요 없지만 법원에서 시켜서 하는 거고 상담비는 다 줄 테니까 상담이 끝난 거로 사인해달라고 하셨어요. 너무 화가 났고 그렇게는 안된다고 했죠. 그다음 주에는 아버님이 오셔서 상담비를 두 배로 줄 테니 그냥 사인해달라고 하시더라고요. 그래서 다른 센터로 가시면 좋겠다고 말씀드렸고, 이런 부모님의 태도가 아이에게 어떤 영향을 미치고 있는지, 아이가 지금 뭘 보고 듣고 느끼고 있는지, 집에 가서 생각해 보시라고 했어요. 결국에는 상담 이수 시간을 다 채우고 갔어요. 그 부모님은 자기 아이도 피해자라고 생각을 하셨어요. 피해자 부모님이 화가 나서 가해 아이와 통화를 했는데 그것 때문에 아이가 불안해서 잠을 못 잔다고 호소를 하면서 오히려 피해자를 가해자로 만들더라고요. 그걸 보면서 부모님이 아이에게 얼마나 큰 영향을 미치는지 더 깊이 생각하게 됐어요.

아동 청소년 상담은 앞으로 어떻게 변할까요?

📻 아동 청소년 상담은 앞으로 어떻게 변할까요?

🔲 우리나라는 상담에 대해 보수적이에요. 상담받는 걸 부끄러워하고 남한테 숨기고 싶어 했죠. 그래도 TV에 성인 상담이나 아동 상담 프로그램이 생기면서 분위기가 많이 바뀌었어요. 예전에는 몰래 다녔거든요. 혹시 내 아이가 상담센터에 다니는 걸 같은 학교 아이가 볼까 봐 다른 지역으로 다니기도 했어요. 특히 아버님들은 정신병 아니냐고 하거나, 그런 데를 왜 가냐고 하셨는데 매체의 영향으로 인식이 많이 바뀌었죠. 감기처럼 가볍게 상담받고 심리 상태가 좋아져서 종결하는 케이스들을 보면 사회적 인식이 많이 개선되고 있는 것 같아요. 앞에서 말씀드렸듯이 아이들이 먼저 엄마에게 '나 전문가에게 상담받고 싶어요.'라고 말을 할 수 있는 시대가 왔어요.

📻 유튜브나 인스타를 넘어서 나의 부캐를 창조해서 활동하는 메타버스 시대가 오고 있어요. 이미 메타버스 안에서 심각한 문제들이 발생한다고 들었어요. 메타버스 시대에 심리 상담은 어떤 역할

을 하고 어떻게 변화할까요?

김 저도 요즘 메타버스에 관심이 많아요. 사람들이 정신건강에 대해 전문적인 요청을 하지 않는 이유에 대해 부끄러워서, 제3자에게 노출하는 것이 어려워서, 익숙하지 않아서, 마음에 대한 이해 부족, 스스로 해결할 수 있는 태도 때문이라고 확인되었어요(Leong & Lau, 2001; WuKviz, & Miller, 2009). 하지만 코로나 시대에 접어들면서 심리적 어려움을 겪는 사람은 더 많아졌어요. 그래서 온라인 방식을 이용한 상담이 증가하는 추세예요. 일부 연구들은 온라인 상담이 면대면 상담보다 이용자의 만족도가 더 높았으며(Olson, 2009), 효과성도 못지않은 것으로 나타났죠. 이러한 온라인 상담을 통한 심리적 개입은 외상 후 스트레스 장애, 사회불안, 공황장애, 강박장애, 청소년과 아동의 우울증 등 다양한 심리장애에 적용되고 있으며 대면 치료만큼이나 효과가 있음이 검증되고 있는 중이에요(김도연, 조민기, 신희천, 2020). 상담 분야에서도 메타버스가 주목받는 시대가 오고 있는 것 같아요.

청소년 상담도 아동 상담과 비슷한가요?

편 청소년 상담도 아동 상담과 비슷한가요?

김 비슷해요. 다만 청소년은 주로 언어를 통한 상담을 해요. 장난 감을 가지고 하지는 않죠.

편 청소년들이 와서 말을 잘하나요?

김 다들 같은 걱정을 하시는데, 생각보다 얘기를 너무 잘해요. 어머님들이 "우리 애가 그런 말을 해요? 우리 애가 그렇게 얘기했어요?"라며 다들 놀라세요. 초기에 라포 형성만 잘되면 아이들이 술술 다 얘기해요. 어떤 아이들은 상담 시간이 10시에 잡혀 있으면 8시 30분부터 와 있어요. 빨리 오고 싶어서 기다리는 거예요. 어차피 일찍 와도 기다려야 되는 걸 알고 있지만 그 시간도 너무 좋으니까 그렇게 서둘러서 오는 청소년들도 있어요.

편 마음을 터놓고 이야기할 만한 상대가 없었던 걸까요?

김 대화할 상대가 없다는 이야기를 하는 친구들이 있어요. 부모님 입장에서는 각자의 일도 있고, 생활에서 겪는 스트레스들도 이미 넘치니까 아이의 마음을 세심하게 받아주는 게 어려울 수도 있어요. 특히 코로나19로 인해서 경제 활동 등이 불안정하잖아요. 코로나 블루, 코로나 레드까지 갔어요. 저는 아이들도 많은 피해를 받았다고 생각해요. 직접적인 경제적 손실은 어른들이 받았지만 그로 인한 심리적 스트레스가 집안의 가장 약자인 아이한테 가는 경우가 굉장히 많아요. 아이들에게 학교마다 위 클래스도 있으니까 그 선생님과 얘기하면 되지 않느냐고 했을 때 다른 애들의 시선이 의식되어서 가기 싫다는 경우도 있어요. 위 클래스에 가면 보통 수업을 빼고 가니까 눈에 띈다고 생각하더라고요.

위 클래스에 대해 알려주세요.

편 위 클래스가 수업 외에 하는 게 아니라 수업 시간을 대체해서 가는 건가요?

김 학교마다 다른데요. 방과 후에 상담이 이루어지기도 하고, 주기적으로 와야 하는 애들은 매주 특정 시간의 수업만 빠지면 안 되니까 이번 주는 월요일 몇 교시, 다음 주는 수요일 몇 교시 이런 식으로 시간표를 다르게 해서 상담에 오게끔 하더라고요.

편 그럼 학교마다 상담 선생님들이 다 계신 건가요?

김 중고등학교는 학생 수가 몇 명 이상이면 필수로 배치해야 하는 걸로 알고 있어요. 그래서 학교가 작으면 없을 수도 있어요. 저희 아이 학교도 인원수가 적어서 없더라고요.

편 초등학교에도 있나요?

김 상담 선생님이 상주하는 학교도 있다고 들었어요. 위 클래스는 학교 내에서 주의산만, 대인관계 미숙, 미디어 중독, 흥미 상실 등으로 학교생활에 적응하지 못하는 학생들에게 별도의 프로그램을 제공해 주는 제도예요(참고: 네이버 지식백과). 위 클래스 선생님들의 일과를 보면 아침부터 오후까지 빡빡하게 일정(개인 상담 업무, 집단 활동, 학교 행정 등)도 많고 굉장히 열심히 일하시더라고요.

아동청소년심리상담사의
세계

상담의 진행 과정이 궁금합니다.

편 상담의 진행 과정이 궁금합니다.

김 상담사마다 이론적 근거가 달라요. 모든 이론을 거의 다 배우지만 그 이론 중에서 대상자에 맞게 선택을 하는 거죠. 공부하다 보면 본인에게 맞는 게 있고, 그 이론을 통해 많이 접근하는 것 같아요. 저 같은 경우는 아동에 대해 인지행동적 접근을 많이 하려고 노력해요. 상담 과정은 보통 초기, 중기, 말기로 나누는데 초기에는 치료적 환경을 마련해요. 상담실에 대해 안내해 주거나 우리가 일주일에 한 번씩 만나서 몇 분 동안 얘기를 할 거고, 놀잇감을 가지고 놀거나 미술도 같이 할 것이고, 이 부분에 대해서 엄마와 얘기할 수도 있는데 네가 원하지 않으면 엄마와 얘기하지 않는다는 등의 대화를 해요. 아이가 상담센터에 안정적으로 올 수 있도록 유도하는 거죠. 라포Rapport라고 하는데 초기에 신뢰감을 형성하는 거예요. 유아들보다 아동 청소년들은 더 예민하잖아요. '이걸 선생님한테 말해도 되는 건가? 우리 엄마가 알면 어떻게 생각할까?'를 고민하거든요. 그럼 솔직하게 마음을 표현하기가 어렵죠. 그래서 초기에는 상담사가 조심스럽게 잘 접근해서 아이와 신뢰감을 형성해야 해요.

그룹 상담에서 함께 로봇을 완성시키는 과정에 역할을 나누고 힘을 모아 로봇을 일으
켜 세운다. 그 과정에서 아이들은 자기주도성과 할 수 있다는 성취감을 느끼게 된다.

　　라포가 어느 정도 형성되면 저는 앞으로 어떤 목표를 향해 우
리가 노력할 건지 상담 목표를 얘기하는 편이에요. "너는 여기에
왜 왔니?", 우리가 어떤 목표를 갖고 있는지, 어떤 활동을 하게 될
건지 얘기하면서 상담 중기에는 서로의 생각도 나누고 질문도 하
고요. 진로 상담 같은 경우는 아이가 모르는 정보를 같이 찾아보기
도 하고, 제가 정보를 주기도 하면서 그 과정에서 아이가 표현하는
생각이나 말에 대해서 해석을 하죠. 어떤 의미로 이런 말을 하고,
어떤 마음에서 이런 행동을 하는지 가설도 세워보고요. 그걸 바탕

으로 "이건 한번 바꿔보면 어때?", "이건 이렇게 생각해 보면 어떨까?"라고 제안해 보기도 해요. 이 과정을 겪으면서 목표를 달성하는 단계로 가는 거죠. 그런데 상담실에서만 그런 변화가 만들어지는 게 아니라 일상생활에서도 발휘가 돼야 해요. 그래서 부모님과 함께 아이가 어떤지, 문제가 생겼을 때 어떻게 해결하는지 대화를 나누면서 진행해요.

편 상담 중기 과정에서 가설을 세운다는 게 정확히 어떤 건가요?

김 예를 들면 아이가 레고 놀이를 할 때 큰 집에 레고 인형을 놓고 악당이 침입하면 자기가 물리치는 놀이를 반복해요. 그 의미가 뭔지를 생각하는 거예요. 최근에 아이가 무서운 어른한테 크게 혼이 난 적이 있는 경우에 놀이에서 나타나죠. 큰 집에서 자기가 가족을 지키는 역할로 악당을 쫓아내면서 현실에서 이룰 수 없는 소망들을 장난감에 반영해서 풀어내는 거예요. 스트레스를 그런 방법으로 풀기도 하고요.

편 그럼 가설을 세운다는 건 아이가 노는 모습을 지켜보면서 과학에서 가설을 세우는 것처럼 이 아이가 이 놀이를 하는 이유는 '무엇 때문이다'라는 명제를 만드는 건가요?

김 과학처럼 정확하게 수치화할 수는 없지만 상담 전문가가 숙련되고 노련해지면 예측을 해요. 물론 그게 틀릴 수도 있어요. 그러니까 가설이겠죠. 이런 것들의 의미를 고민하면서 개입을 하는 거죠.

편 그러면 상담 기간의 말기는 목표를 달성하는 단계인가요? 생활에서 행동까지 바뀌는 단계를 말씀하시는 건가요?

김 예를 들면 우리 아이가 마트에서 장난감을 사달라고 할 때 예전에는 자리에 드러눕고 울었을 텐데 이제는 "다음에 사자."라는 얘기를 수용하는 거죠. 그런 세세한 변화를 잘 관찰해 주시는 부모님들이 있어요. 아이에게 관심을 갖는 부모님들은 구체적으로 얘기해 주세요. 목표에 대해서 어머니와 계속 대화를 나누니까 변화를 관찰하고 말씀해 주시는 거죠. 또 예를 들어 친구들한테 계속 시비 걸고 싸우는 아이가 저와 상담하면서 비슷한 상황을 피규어로 만들어서 해보거나, 문제를 어떻게 해결할 수 있을지 여러 가지 방법을 같이 생각해 보기도 하고 연습도 해요. 상담하면서 배운 방법을 아이는 학교에 가서 연습해 보는 거죠. "선생님, 학교에서 제가 그렇게 했더니 친구가 그냥 갔어요."라고 해요. 그렇게 일상생활에서 변화들이 나타나는 것 같아요. 그러면 목표가 어느 정도 달성되고 있는 거예요. 아이가 문제를 조금씩 해결하고 있다는 걸 서로 느끼게 되죠.

편. 업무 강도는 어떤가요?

김. 출장형 근로로 일하는 경우에는 상담 시간만 와서 일하는 거예요. 하루 종일 센터에 있는 게 아니라 예를 들어 상담이 10시, 11시, 3시에 잡혀 있으면 그때만 왔다 가는 거죠. 계약직으로 시간을 정해놓고 근무를 하는 분들도 있어요. 그리고 정규직으로 근무를 하면 9시부터 6시까지 일하고 휴게 시간과 점심시간을 보장받아요. 센터에서 연결해 주는 아이들을 대상으로 상담을 하죠. 다 장단점이 있어요. 출장형이나 계약직으로 일하면 상담사 시간과 내담오는 아이와의 스케줄을 조율할 수 있는 장점이 있고요. 상근직으로 근무를 하면 그날 상담 연결된 아이가 한 명일 수도 있고, 다섯 명일 수도 있지만 급여는 같으니까 수입이 안정적으로 보장되죠.

편. 상담사들이 상담을 기록하고 정리하는 작업들이 많겠네요.

김. 상담사마다 달라요. 보통 그날 내가 맡았던 아이들의 케이스를 일지로 정리해 놓는 게 제일 좋기는 해요. 다음날 되면 기억이 안 날 수도 있고, 기억이 섞일 수도 있거든요. 최대한 그날그날 정리하죠.

편 아이와 상담을 하면 그 시간 동안 아이에게 모든 에너지를 다 쏟는 거잖아요. 힘들진 않으세요?

김 상담사의 에너지를 다 쏟기 때문에 업무량에 비해서 강도가 높은 편인 것 같아요. 아이마다 특성이 다르고, 처한 문제가 다르고, 목표가 다르고, 과정이 다르고, 부모님이 다 다르기 때문에 단순한 노동과는 다르게 세심하게 접근하고 개입해야 되거든요. 그래서 하루에 너무 많은 사례를 만나면 상담사의 에너지가 다 소진되는 것 같아요. 자신이 어느 정도까지 해야 다른 아이들에게 영향을 주지 않고 상담할 수 있는지 잘 생각해서 조절하는 게 맞는 것 같아요. 저는 에너지가 넘치는 편인데도 상담이 많이 몰리면 조절해요. 에너지가 많이 소진될 것 같으면 그다음 타임을 비워두고요. 제가 예민한 성향이 아닌 줄 알았는데, 이 일을 하면서 제가 굉장히 예민하다는 걸 알게 되었어요. 상담을 하면 아이의 눈썹이 흔들리는 것까지 보이거든요. 아이가 말하는 한 마디 한 마디에 뭔가 의미가 있을 것 같아서 기억하려고 메모도 해놓으면서 놓치지 않으려고 해요. 아이가 센터에 들어오는 순간부터 안색이나 표정을 관찰하게 되고요. 그렇게 아이를 예민하게 관찰하니까 상담이 비는 시간에는 바로 누워요. 그러면 저의 예민함이 눈 녹듯 사라지면서 바로 전원 오프 상태가 되죠.

🖊 사람을 상대하는 일이라서 업무 시간에 비해 업무 강도가 세 겠네요. 에너지가 많이 소모되는 일이죠. 내가 힘들다고 형식적으로 할 수도 없잖아요.

🧒 형식적으로 대하면 아이들이 제일 먼저 기가 막히게 알아요. 자신의 얘기를 듣고 있는지 아닌지도 정확하게 알고 있고요. 아이들은 모든 걸 세포로 느끼는 것 같아요. 그래서 더 조심해요. 업무 강도는 높은 편이지만 그래도 존중받는 직업이라 보람을 느껴요. 막말하시는 분도 없고요. 아이들도 선생님, 선생님 하면서 좋아하고 따라주니까요.

🖊 상담 외의 업무는 상담 일지 기록하는 거 밖에 없나요?

🧒 기관장일 때와 상담사일 때의 업무가 달라요. 기관장 마인드에 따라서 기관장이 어느 정도까지 상담사에게 역할을 줄 것인가에 따라서 업무가 다르고요. 기본적으로 내가 맡은 케이스는 과정부터 목표 달성까지 상담사가 책임지고 가는 게 좋아요.

🖊 그렇게 안 하시는 분들도 계세요?

🧒 어떤 센터장님은 상담사한테 자신이 시키는 대로만 하라는 분도 있어요. 현재 법률상으로 상담센터 개업은 누구나 할 수 있기 때

문에 자격이나 공부 없이 센터를 열고 자격이 있는 상담사를 채용하는 경우가 있어요. 자격이 없어도 자격 있는 상담사들을 채용해서 일을 돌리면 된다고 생각하는 거죠. 기본적인 지식이 없으니까 그냥 사장이 시키는 대로 하라는 거예요. 그래서 못 버티고 나가는 상담사도 있다고 들었어요.

편 상담사가 되어서 센터에 들어갈 때 잘 알아보고 들어가야겠네요.

심리 검사는 어떤 걸 사용하나요?

편 상담에 사용하는 심리 검사들은 어떤 게 있나요?

김 종류가 너무 많은데, 심리학회가 표준화해서 추천해 주는 검사들이 몇 가지 있어서 그 위주로 많이 해요. 열 가지 미만인데 저는 여덟 가지에서 아홉 가지 검사를 사용하는 것 같아요. 그리고 국가에서 바우처를 지원받을 수 있는 표준화된 검사는 정해져 있어요. 그 검사 결과와 의사의 소견서를 같이 내야 바우처 신청이 돼요. 그리고 아동 청소년의 특성상 아이들만 검사하진 않고 부모님도 같이 검사를 해요. 성인 상담은 성인 검사만 하고 부모님까지 검사는 안 하잖아요. 하지만 아이들은 부모의 양육 태도나 양육 스트레스 같은 임상 검사를 병행하기도 해요. 저도 그걸 선호하고요. 왜냐하면 검사할 때 아이들이 스스로 체크할 수도 있지만 안 되는 경우도 있어서 자기 보고에 한계가 있을 수 있거든요. 그러면 부모님이 관찰한 것들을 체크하게 되는데, 검사 결과를 신뢰할 수 있는지 알려면 부모의 검사도 같이 이루어져야 해요. 만약에 부모님의 불안이 높게 나왔다면 아이의 상태는 5점 정도만 줘도 되는데 10점을 주는 일이 있거든요. 그런 부분을 보려고 부모 검사를 같이 해요. 검사를 하고 나면 부모의 불안이 높아서 아이를 문제보다 더 높게 평가했다는 걸 감안해서 알 수 있으니까 그런 부분을 반영해서 아이와 목표를 세우는 거죠.

🕮 문제가 크지 않은 아이를 불안한 심리 상태의 부모님은 더 큰 문제로 본다는 거죠?

🔑 그렇죠. 부모님이 불안하니까 그 입장에서는 아이에게 문제가 있다고 보는 거예요. 생각보다 아이는 괜찮은 경우가 있어요. 그래서 저는 부모 검사를 권유하는 편이에요.

🕮 그러면 돌려보내시나요?

🔑 검사하고 나서 아이는 잘 발달하고 있고 괜찮으니 어머님이 성인 상담을 받아 보는 게 좋겠다고 권유하죠.

부모님의 불안은 어떻게 나타나나요?

편 부모님의 불안은 보통 어떻게 나타나나요? 아이들도 알면 좋을 것 같아요.

김 우선은 다급해요. 저와 상담 예약을 했는데도 그전에 계속 주기적으로 날짜를 확인하거나 아이가 괜찮은지 확인하는 분들이 계세요. 상담 전부터 불안을 표출하는 거죠. 그리고 상담을 하고 저와 얘기하면서도 계속 의심하시죠. "이거 하면 진짜 좋아져요?", "이거 몇 개월 하면 애가 좋아져요?"라고 계속 질문하고요.

편 가정에서 그러면 애들이 너무 피곤할 것 같아요.

김 네. 오히려 그것 때문에 아이들에게 문제행동이 나타날 수도 있어요. 부모님이 불안하니까 아이도 불안하죠. 그리고 불안과 강박증은 공병률이 높다고 알려져 있어요. 불안하니까 강박행동을 계속하고, 강박행동을 하면서 불안이 계속 반복되고요. 그게 아이들한테 영향을 미치기 때문에 부모의 불안이 아이의 거울에 비치고 있다고 항상 말씀드리죠.

상담에 실패한 경험이 있나요?

편 상담에 실패한 경험이 있나요?

김 실패라는 단어가 뼈가 시리게 아프죠. 그런데 실패가 있어야 그걸로 인해서 성장을 하잖아요. 내가 무조건 다 잘했다고 생각하는 사람은 발전이 없겠죠. 내가 잘못한 걸 모르면 개선이 안 되고, 그 상태로 잘못을 계속하게 되잖아요. 그래서 저는 실패도 필요하다고 생각해요. 제가 초심 상담사였을 때 경험이 부족하고 나이도 어렸어요. 그러니까 보호자들이 말하고 이끄는 목표대로 자꾸 따라가게 되는 거예요. 아이를 봐야 하는데 부모님 말을 듣게 되고, 부모님과 얘기를 하게 되고, 부모님 목표대로 따라가다 보니까 중심이 아동에서 보호자로 옮겨졌던 경험이 있어요. 균형이 안 맞았던 거죠. 결국 보호자는 자신들이 원하는 대로 진행되어서 만족했지만 아이에게는 도움이 안 됐을 것 같아요.

편 균형을 잡는 게 어려울 것 같아요.

김 어려워요. 그래서 저는 목표를 자주 확인해요. 아이들 케이스가 많으니까 헷갈리지 않도록 개별 파일을 계속 보고 아이의 목표를 확인하면서 그 방향대로 가고 있는지 점검해요. 헷갈리는 부분은 선배 상담사에게 상담받기도 하고요. 상담사들에게는 슈퍼비전이라는 게 있어요. 저보다 더 많이 공부하신 교수님 같은 전문가들에게 지속적으로 지도를 받아요. 대부분의 상담사들은 특정 학회에 속해 있기도 하고, 수련도 계속 받아요. 저도 수련생이에요. 그런 부분은 상담사에게 꼭 필요한 부분인 것 같아요. 상담사는 계속 공부해야 돼요.

상담으로 대상자가 크게 바뀐 경험이 있나요?

편 상담으로 대상자가 크게 바뀐 경험이 있나요?

김 열네 살 정도의 아이였어요. 지적 장애가 있었고 인지 능력이 부족하니까 사회성 발달에 어려움을 겪어서 친구를 대하는 방법도 잘 몰랐어요. 자기 관리도 어려워서 혼자 목욕도 잘 못하는 아이였는데, 엄마가 너무 걱정이 되니까 상담을 오셨죠. 그전에도 치료를 받았는데 효과가 없었다고 해요. 그래서 주변의 추천을 받아서 오게 됐다고 하시더라고요. 아이가 학교에서 말로 잘 안 되니까 마음에 안 들면 몸싸움을 하고, 몸싸움이 안 되면 머리를 땅에 박거나 쥐어뜯는 자해행동을 했어요. 본인이 답답한 걸 그렇게 행동으로 표출하니까 마찰이 계속 있었고요. 그래서 초등학교 때부터 계속 상담도 받고 놀이치료도 했는데 개선이 안된 상태에서 열네 살 때 저와 만난 거죠.

상담을 하면서 아이의 자존감을 많이 높여줬어요. 아이가 "내가 다른 애들보다 조금 멍청해서 그래요. 내가 다른 애들보다 조금 모자라대요."라는 말을 하는 거예요. 그런 얘기는 본인이 정말 그렇게 생각하기보다는 주변이나 어른들이 하는 말을 듣고 인식했을 가능성이 높거든요. 그러니까 아이가 스스로를 자꾸 낮게 평가하는 거예요. 그래서 아이의 자신감을 많이 키워줬어요. 잘하는 것에 대해서 같이 탐색하고, 칭찬도 하고, 격려도 해줬어요. 그리고 문제가 생겼을 때 어떻게 해결하면 좋을지 많은 사례들로 연습하고요. 어떤 일이 벌어졌을 때는 어떻게 하는 게 좋을까 묻고, 좋은 결과를 만들기 위해서는 어떤 방법이 있을까 얘기하고, 굉장히 많이 연습했죠. 실생활에서도 해볼 수 있도록 계속 모니터링하고 보호자와도 대화를 나누었어요. 그러면서 점차 아이가 학교에서도 잘 생활했죠. 상담 전에는 아이가 특수반에 가기를 거부했어요. 거기는 부족한 애들이 가는 곳인데 자신이 가는 게 싫고 스트레스 받는다고 얘기했거든요. 그래도 특수반에 가야 되는 상황이긴 했어요. 나중에는 아이가 잘 받아들이고 고등학교는 특수반에 진학했다고 하더라고요.

편 상담 기간은 얼마나 걸렸나요?

김 당시에 만 14세였어요. 우리 나이로는 15~16세죠. 기간은 1년 반 정도 걸린 것 같아요.

편 엄마의 관심을 많이 받았던 친구인가 봐요.

김 어머니의 관심이 많았고 상담도 성실하게 하셨어요. 다른 건 빠지더라도 상담만큼은 꼭 오고, 아이가 아파도 데리고 오셨어요. 그리고 상담을 무조건적으로 믿어주셨고요. 지금 아마 군대 갔을 거예요.

심리상담사가 되길 잘했다고
느끼는 순간은 언제인가요?

[편] 한 사람의 인생이 바뀌는 내용이네요. 심리상담사가 되길 잘했다고 느끼는 순간은 언제인가요?

[김] 아이들이 "저 여기에서 살고 싶어요."라고 많이 얘기해요. 이 곳에 오면 마음이 편하고 잘 놀아줘서 좋대요. 아이들마다 여러 가지 이유가 있겠지만 어쨌든 아이들이 좋아한다는 거잖아요. 어머님들이 "가족 모두 너무너무 힘들었고 중요한 시기였는데 선생님이 함께 있어주셔서 제가 잘 버틸 수 있었어요.", "선생님 덕분에 힘든 시간을 지나갈 수 있었어요."라고 말씀해 주시면 너무 뿌듯해요. 마음으로 감사하죠. 저로 인해서 인생의 힘든 시기를 잘 버티고 지나갈 수 있었다고 말씀해 주시면 너무 보람 있고, 또 이 직업에 대해 깊은 책임감도 생기더라고요.

많은 분들은 상담을 통해 아동이 변화했다고 느끼고 저에 대한 감사를 표현하시는데, 사실 아동이 변화하는데 가장 큰 원동력이 된 건 부모님이라고 생각해요. 열심히 센터에 데리고 와주시고, 부모 상담에도 적극적으로 임해주시고, 가정에서 협조해 주셔야 하는 부분들도 잘 해주고 계시기 때문이죠. 오히려 제가 아이들에게 배우기도 하고 부모님들께 배우는 점도 많아서 그런 부분에서 느끼는 행복은 겪어 본 사람만 알 수 있을 것 같아요.

아이들은 이따금 센터에 오며 들꽃을 주워오거나, 작은 사탕, 털실로 만든 목걸이 등을 사랑스럽게 선물한다. 어느 날은 돌멩이를 받은 적도 있다.

자신의 마음이 힘들 때는 없나요?

🔲 아이들의 힘든 마음을 해결하면서 자신이 힘들어지진 않나요? 물론 전문가지만 그 사람들이 가벼워지는 것만큼 상담사는 힘든 게 있지 않을까 궁금해요.

🔲 그건 감정에 대한 부분인데요. 공감은 하면서 그 사람의 마음을 수용하지만 상담사가 거기에 끌려가거나 몰입하지는 않아요. 딱 분리가 되어 있고 스스로도 계속 노력해요. 그게 되지 않으면 선배 상담사에게 슈퍼비전을 받아야죠. 상담사가 특정 주제에 대해서 상담하기가 힘들어지면 그건 상담사의 문제거든요. 그럼 슈퍼바이저에게 슈퍼비전, 즉 내적 상담을 받아요. 왜 그 부분이 힘든지, 상담사의 마음속 어떤 부분이 건드려진 건지, 어떻게 하면 그 문제가 해결될 수 있을지 등에 대해 자기분석을 받기도 하고 방향에 대해 지도 받을 수도 있어요.

🔲 슈퍼바이저라는 게 학교의 시스템인가요? 슈퍼비전, 슈퍼바이저가 뭐예요?

🔲 슈퍼바이저는 본인이 선택하는 건데요. 학회에 들어가서 그

안에 있는 슈퍼바이저를 정해서 주기적으로 상담받기도 하고, 여러 명의 슈퍼바이저에게 받기도 해요.

◆ **슈퍼바이저** 자신보다 경력이 짧은 상담사의 상담 활동에 대한 보고를 받거나 상담 기술의 적용 등에 대한 충고를 해주는 숙련된 상담사

◆ **슈퍼비전** 슈퍼바이저가 전문적이고 독립적인 상담사가 되고자 하는 수련생에게 유능한 경력사항과 전문가적인 지식을 바탕으로 적절한 상담의 실제 기술을 습득할 수 있도록 도움을 주는 활동 (참고: 네이버 지식백과)

편 어느 학회에 소속되어 있으세요?

김 저는 한국상담심리학회와 한국영유아정신건강학회에 속해 있어요. 그곳에서 슈퍼비전을 받고 있고요.

편 상담사가 받는 상위 상담이네요.

김 한국상담학회, 한국상담심리학회는 우리나라에서 제일 권위 있는 학회라고 생각해요. 저도 그 학회의 수련생이에요. 그래서 시험도 보고요. 제가 지금 2급을 수련 중인데 1급 슈퍼바이저에게 슈퍼비전을 받고 있어요.

편 1급인 분들은 누구에게 받나요?

김 초창기 멤버일수록 나이가 많죠. 전문가 번호가 있는데 앞 번호일수록 일찍 하신 분들이에요. 이쪽 분야는 공부에 끝이 없어요. 1급 슈퍼바이저 분들은 더 깊이 있게 학문을 연구하고 후배 양성에 힘쓰고 계시죠. 동료들과 슈퍼비전에 관해 주고받으며 계속적으로 고민하고 연구하는 것으로 알고 있어요.

처우와 복지는 어떤가요?

편 처우와 복지는 어떤가요?

김 상담사가 되는 과정은 힘들어요. 공부도 많이 해야 하고 시간, 노력, 지식, 돈이 많이 들죠.

편 그러면 부모님 지원을 못 받는 친구들은 하기가 어려울까요?

김 열심히 공부해서 학교에서 장학금을 받는 게 가장 이상적인데, 그렇지 않더라도 우리나라는 학자금 대출 시스템도 있고 도움받을 곳들이 있을 거예요. 나중에 상담사가 돼서 돈을 벌면 그걸로 내 슈퍼바이저에게 교육비를 지불하고요. 돈을 내서 공부하고 수련하고 자격증을 취득하는 과정을 계속 반복하는 것 같아요. 끊임없는 공부와 시간 투자, 노력에 비해서 우리나라는 처우가 열악해요. 상담사가 되었을 때 국가에서 보장해 주는 것도 없고 특별히 대우받는 것도 없어요. 저는 개인적으로 그런 부분은 좀 아쉬운 것 같아요. 그래도 점점 좋아질 거라고 생각해요. 아무래도 처우와 복지가 좋아지려면 상담사들이 사회에 이런 문제들에 대해 더 적극적으로 목소리를 내야 하거든요. 그런데 초창기 상담을 시작했던 분들도 그렇고 자신 안에 있는 에너지를 가지고 내담자와 대화하고 에너지를 공유하는 일이다 보니까 외부에서 적극적으로 활동하는 상담사는 많지 않은 것 같아요. 그래서 자꾸 우리 안에서만 얘기하는 것 같아요. 사회에서 보다 관심을 가졌으면 좋겠고, 영향력 있는 분들이 대외적으로 목소리를 내면 좋겠어요.

심리상담사의 수입은 어떻게 되나요?

편 심리상담사의 수입은 어떻게 되나요? 일반 상담사와 센터를 운영하는 센터장의 수입은 많이 다르죠?

김 네. 상담사로 취업해서 일을 시작할 때는 사실 수입이 많진 않아요. 일은 일대로 하면서 필요한 교육이나 수련 비용은 다 지불해야 하니까요. 처음 상담사로 일을 시작하면 상담료는 보통 5대 5로 나눠요. 지역마다 다르지만 일반 사설 센터의 경우에는 1회당 4~10만 원 정도예요. 그 상담 비용을 5대 5로 나누는 거죠. 복지관이나 국가에서 운영하는 센터의 경우는 페이가 더 적어요. 그러면 5대 5로 나누었을 때 수입이 더 적죠. 그런 부분이 참 아쉬운 것 같아요. 지금은 제가 상담센터를 운영하고 있는데요. 센터를 운영하면서 상담도 직접 하기 때문에 일은 많지만 수입은 더 나은 편이죠. 그리고 센터마다 다르지만 저희 센터는 국가지원 바우처 사업을 하고 있어서 내담자와의 계약이 맺어지면 1년 정도는 안정적으로 수입이 들어오는 구조를 갖고 있어요.

편 일반 상담사들도 바우처 학생들을 받으면 수입이 안정적으로 될까요? 그분들도 센터장님과 입장이 같은 건가요?

김 4대보험을 다 받으며 안정적으로 일하는 정규직보다 출장형으로 사례 수에 맞추어 일하는 분들이 더 많아요. 사례를 더 많이 만날수록 많은 수익이 생기는 구조니까 좀 더 나을 수도 있겠죠.

편 출장형으로 일하는 상담사가 더 많은 이유가 뭔가요?

김 센터에 케이스가 일정하게 있진 않아요. 없는 날도 있고요. 정규직으로 상담사 선생님들을 고용하면 케이스가 없을 때에도 고정적으로 월급이 나가니까 부담이 크죠. 그래서 센터 입장에서는 출장형을 더 선호하는 것 같아요. 하지만 안정적으로 운영되는 센터의 경우 내담자들의 대기 상황이 계속 발생된다면 정규직으로 상담사를 고용하는 게 더 나을 수 있어요.

편 그러면 상담사들은 궁극적으로는 센터 개원을 목표로 하시겠네요.

김 아닌 분들도 있어요. 자신의 자녀에게 어려움이 있거나 자녀에 대해 좀 더 잘 알고 싶어서 시작하는 분들도 있고, 아니면 부업의 개념이나 자아실현을 위해서 하는 분들도 있어서 전부 센터 개원을 목표로 하지는 않아요. 출장형으로 일하면서도 충분히 만족

할 수 있어요. 육아를 하면서 일주일에 하루만 일하는 분도 있고요.
시간을 자유롭게 쓸 수 있으니까요. 대신 수입이 적고 안정적이진
않죠.

훌륭한 심리상담사가 되기 위해서
노력하는 게 있나요?

편 훌륭한 심리상담사가 되기 위해서 특별히 노력하는 게 있나요?

김 계속 공부하는 거죠. 그게 답이에요. 지속적으로 열심히 공부하는 것과 슈퍼바이저에게 지도 받는 거예요. 상담사들은 혼자 하는 사람은 거의 없고 대부분 소속되어 있는 학회나 협회가 있어요. 만약 어느 학회에도 소속되지 않고 자신이 다 맞는다고 생각하는 상담사가 있다면 그 사람은 상담사로서 신뢰하기 어려워요. 기준이 없는 거로 보이거든요. 그건 그냥 자기의 경험과 생각만으로 상담하는 거라 자칫하면 위험해요. 사람마다 가치관이 다르고 도덕적 기준이 다르기 때문에 상담사는 그런 부분을 조심해야 해요.

그래서 저는 학회에서 주최하는 교육을 꾸준히 받는 편이에요. 요즘에는 코로나 때문에 자주 가지는 못하지만 교육을 받으러 서울에 직접 가기도 하고, 줌으로 하는 교육도 열심히 받고 있어요. 그리고 청소년 상담사는 국가 차원에서 정기적으로 교육을 받게 돼 있어요. 저는 책이나 최근 논문들도 많이 읽고 참고하는데요, 최근에 상담 동향이 어떤지, 요즘 심리 상담은 뭐가 있는지, 누구에게 어떤 게 효과적인지 살펴보죠. 프로그램 형태로 잘 정리된 논문들도 많아서 그런 논문들을 보면서 내가 맡고 있는 아이에게 맞는 프로그램이 있으면 진행도 해보고요.

편 자격증만 갖고 있다고 끝나는 게 아니네요.

김 공부 많이 해야 돼요. 저 혼자만의 지식이나 의견으로 해서는 안 돼요. 앞에서 설명한 것처럼 헷갈리거나 어려운 부분은 동료 상담사와도 얘기하고, 슈퍼바이저에게 슈퍼비전을 받기도 해요.

편 공부하기 싫을 때는 없나요?

김 청소년과 마찬가지로 신체적으로 피로하면 공부하기 싫어요. 예전에 시험 준비 때문에 공부하다가 잠을 계속 못 자서 그룹 상담을 마치고 119에 실려 간 적도 있었어요. 힘들어서 기절했죠. 병원에서는 스트레스와 과로 때문이라고 하더라고요. 그 정도로 공부를 많이 해야 돼요.

편 이 부분은 한번 짚어야겠네요. 훌륭한 직업인이 되려면 그 분야의 공부를 계속해야 되니까요.

김 억지로 하는 공부는 아니에요. 하면 할수록 내가 만족스럽고 행복하니까 계속하게 돼요. 나에게 필요한 공부이기도 하고 내가 선택한 분야의 공부이기도 하니까요. 공부한 것들을 효과적으로 활용할 수 있는 분야라 더 공부하게 되는 거 같아요. 본인이 정말 원하는 진로라면 힘들고 괴로운 게 아니라 재밌을 거예요. 저도 공부를 잘하거나 좋아하는 스타일이 아니거든요. 그런데 이 분야가 재밌고 적성에 맞으니까 이렇게 하는 것 같아요. 학생들도 마찬가지일 거예요. 저도 수학이나 과학은 너무 싫어하거든요.

외국과 우리나라 상담의 차이가 있나요?

편 외국과 우리나라 상담의 차이가 있나요?

김 자료를 찾아봤는데요, 독일, 미국, 일본 이렇게 있더라고요. 독일은 교내에 있는 시간이 교외에 있는 시간보다 적대요. 그렇기 때문에 오히려 위기 청소년들이 생길 수 있으니까 지자체 차원에서 사설 상담 기관이나 상담센터들의 운영을 지원해 주는 형태로 진행이 되더라고요. 그 기관들은 상담을 전공한 사람을 채용하게 되어 있고요. 국가 차원에서 지원하는 거죠. 우리나라는 학교에서 폭력 등의 문제가 생기면 학폭위원회가 열리는데, 독일은 바로 경찰에 신고를 하고 학교 내에서 따로 해결하는 건 없다고 하더라고요. 그게 우리나라와 다른 점인 것 같아요. 그리고 미국 같은 경우는 담임 제도가 없어요. 그래서 학교 생활지도는 그 학교 내에 있는 생활지도 상담사나 학교 상담사, 학교 심리학자가 하죠.

편 학교 심리학자가 있어요?

김 네. 미국에는 따로 있어요. 초등학교, 중학교, 고등학교, 고등학교 졸업 후로 나눠서 상담사가 연령대별 프로그램을 운영한다고 되어 있어요. 일본은 사후보다 예방책에 집중하는 형태라서 우리나라와는 또 달라요. 우리나라는 거의 소 잃고 외양간 고치는 격이 많거든요. 저도 예방에 집중해야 된다는 주의라 학교 교과목에 마음 과목이 있어야 한다고 주장하는 사람 중 하나예요. 이 세상을 살아가면서 가장 중요한 건 마음이잖아요. 마음에 대해서 학교가 의무교육으로 다루면 훨씬 좋지 않을까 생각해요.

심리상담사의 일과는 어떻게 되나요?

편 심리상담사의 일과는 어떻게 되나요?

김 센터장의 일과와 상담사의 일과는 좀 다른데요. 상담사의 일과를 위주로 말씀드릴게요. 아동 청소년 상담의 특성상 아이들은 학교 다녀와서 오후에 센터에 오는 경우가 많아요. 영유아들은 보통 오전에 오고요. 출근해서 상담하기 전에 아이들의 케이스 파일을 보면서 지난 상담에서 우리가 뭘 했는지, 목표는 뭔지 다시 확인해요. 그때 못 짚었던 내용이나 놓친 부분들을 한 번 더 체크하고요. 상담은 아동 당 40~50분 정도 진행하고, 집단 수업은 90~120분 정도 해요. 상담이 끝나면 집단 상담인 경우는 보호자 상담을 하기는 어렵고 개인 상담일 경우는 아동 당 10분 정도 보호자 상담을 해요.

상담이 끝나면 상담 일지를 작성하고, 사용한 놀잇감이나 미술 도구를 정리하죠. 기타 업무로는 관련 기관에서 업무 관련된 요청사항이 있으면 메일이나 팩스로 보내고요. 바우처는 전자정보 바우처 보고 시스템이 있어서 별도로 관련 정보들을 입력해서 보고해요. 학교와 연계된 아이는 학교에 따로 보고를 하고 법원에 연계된 아이는 법원에 보고를 하죠. 보통 보고서 내용에는 언제 만났고, 어떤 상담 목표로 뭘 진행했고, 결과가 어떻게 나왔는지에 대해서 쓰고 사진을 같이 보내기도 해요.

편 보고가 중요한 일이네요. 그렇게 하고 나면 보통 몇 시 정도 되나요?

김 저는 개인적으로 휴식을 중요하게 생각하는 편이어서 오후 6시 이후에는 상담을 안 하려고 노력해요. 그래서 보통 6시 전에 마치죠. 금요일과 주말은 일정을 비워서 재충전하고요.

코로나 시대에 아이들 심리 문제, 어떻게 보세요?

편 코로나 시대에 아이들 심리 문제, 어떻게 보세요?

김 사각지대가 더 많아지지 않았을까요? 코로나 때문에 학교에 안 가니까 더 드러나지 않는 것 같아요. 학교에 안 가는 아이들이 집에서 어떻게 있는지 알 수 없으니까요. 친구들과 함께 있는 시간이 현저히 줄어들면서 미디어에 노출되는 시간이 늘었을 거예요. 어떻게 보면 방임되어 있기도 하죠. 아이들끼리 상호작용을 통해 사회적 규칙도 익히고 행동도 조절하고 감정을 표현하기도 하는데, 그 시간들이 화면으로 만나는 친구들과 이루어지기에는 한계가 분명 존재해요. 코로나 시대가 장기화되면서 내외부적으로 받는 어른들의 스트레스와 부담이 아이들에게 전달될 수도 있고, 그 때문에 부정적인 의사소통을 주고받을 확률도 높고요. 그 안에서 아이들이 겪는 스트레스가 또 있을 거예요. 코로나 시대를 살아가는 우리 아이들을 생각하면 참 안타까워요.

존경하는 인물이나 멘토가 있나요?

편 존경하는 인물이나 멘토가 있나요?

김 대학원 다닐 때, 지도 교수님이셨는데 지금도 현직에 계세요. 제가 임신한 상태에서 늦게 공부를 시작해서 저보다 훨씬 어린 친구들과 대학원을 같이 다녔는데, 저의 가능성을 항상 믿어주셨어요. 제가 얘기하거나 질문하는 부분에 대해서도 "이거 할 수 있을 것 같아, 이거 이렇게 한번 해보자."라고 믿음을 주셨고, 열린 마음으로 대해주시고 격려해 주셨죠. 학문적인 부분에서도 당연히 많이 배웠고요. 제가 배웠던 것들이 상담을 통해 아이들에게 가는 거잖아요. 지도 교수님께 받았던 격려와 지도가 저의 상담에 다 녹아 있을 거라고 생각해요. 물론 자주 뵙지 못하고 연락도 잘 못 드리지만, 마음속으로는 의지를 많이 하고 있어요. 제가 일을 하다가 어려움에 부딪치면 '우리 교수님이라면 어떻게 하셨을까?'라고 먼저 떠올리게 되더라고요. 항상 존경하는 마음을 갖고 있어요.

그리고 직접 뵌 적은 없지만 아주대학교 정신건강의학과 조선미 교수님이 계세요. 책도 많이 쓰셨고 유튜브 채널도 운영하시죠. 제가 이분 책이나 영상을 많이 보는데 이분은 실질적인 조언을 잘

해주세요. 그래서 제 아이를 키울 때도 교수님의 조언을 통해 현실적으로 많은 도움을 받았어요. 쉽게 설명해 주셔서 실천하기가 쉬워요. 그런 게 인상 깊었고, 배우고 싶은 분이에요.

편 대학원 시절 얘기 좀 해주세요. 임신 중에 진학하신 건가요?

김 아동복지를 전공하고 졸업한 후 취약계층이 있는 종합사회복지관에서 7~8년 정도 아동 관련 일을 했어요. 아이들을 계속 만나면서 취약계층 아이들이 심리적 문제도 많고 어려움을 겪고 있어서 지원이나 후원을 받아 치료사한테 연결을 했죠. 그런데 치료를 받고 오는 아이들이 괜찮아지고 좀 더 건강하게 생활하게 되더라고요. 그래서 그들이 어떻게 개입을 하길래 아이들에게 저런 변화가 있을까 너무 궁금한 거예요. 하지만 공부를 새로 하겠다는 용기가 없어서 고민하다가 남편에게 이야기했는데 선뜻 좋다고 하며 지원해 줬어요. 생각해 보면 그래서 용기가 더 생긴 것 같아요. 사실 둘째 아이를 임신한 줄 몰랐다가 대학원 면접 보러 가는 날 알았거든요.

대학원에 진학해서 아동 상담 쪽으로 공부하고 싶다고 생각했어요. 종합사회복지관에서 일할 때, 정서와 행동에 문제가 있는 가족들을 지원하는 사업도 제 파트였어요. 그 가족에 대한 지원을 계속하면서 실질적으로 도움이 됐으면 좋겠다고 생각하고 관심을 더 많이 기울이게 됐죠. 아이들이 변화하려면 부모의 변화가 필요하다는 것도 많이 느꼈고, 그런 일을 할 수 있는 상담사들이 너무 멋져 보였어요. 도대체 사람의 마음을 공부한다는 건 어떤 걸까 생각하면서 동덕여대 아동학과에 상담 및 임상심리 전공으로 준비를 해서 가게 됐어요.

편 다시 용기 내서 시작한다는 게 참 대단하신 것 같아요.

이 일을 하면서 언제 가장 행복하세요?

편 이 일을 하면서 언제 가장 행복하세요?

김 아이의 변화된 모습을 봤을 때죠. 아이의 가능성을 발견했을 때 행복해요. 다들 안될 것 같다고 포기한 아이가 저와 상담하면서 그 아이의 가능성을 발견하게 되면 행복해요. 그리고 부모님과 같은 목표로 우리가 지금 협동하는 관계구나라는 느낌이 들 때도 기분 좋고요. 어떤 부모님들은 완전히 저에게만 맡기는 경우가 있어요. 자신의 일이 아니니 아이의 문제는 선생님이 다 알아서 해달라고 하면서 부모 상담도 안 받고 도망가는 분들도 있고요. 반대로 상담은 왔지만 전혀 믿지 않고 계속 의심하는 분들도 있어요. 신뢰를 얻는 것도 상담사의 역량이긴 하지만 그렇게 되면 외롭거든요. 그런데 저와 부모님 모두 아이의 가능성에 대해서 믿고 있고, 제가 집에서 어떤 부분을 도와 달라고 요청하는 게 있을 때 그런 것들을 잘해주시면 서로 협동이 되고 있는 거잖아요. 아이의 행복을 놓고 서로의 역할을 하고 있다는 걸 느낄 때 행복한 것 같아요. 아이도 변하고 엄마도 변하고 있는 거니까요.

이 일이 정말 힘들다고 느끼신 적은 없나요?

편 이 일이 정말 힘들다고 느끼신 적은 없나요?

김 아직은 없어요. 좀 더 일찍 시작했으면 좋았을 것 같다는 생각은 해요. 지금은 가정이 있고 아이도 키워야 하니까 아무래도 한계가 있어요. 이 일에만 집중할 수도 없고요. 계속 배우기 위해서 많은 시간이 필요한데, 제 아이들도 키워야 하니까 어쩔 수 없이 제가 할 수 있는 범위 내에서만 해야 하니까 아쉬워요. 마음은 급하고 시간은 부족하니까 이 일을 더 일찍 시작했으면 좋았겠다는 아쉬움이 있죠. 그나마 가족이 협조적이니 제가 하고 싶은 일을 할 수 있는 것 같아요. 남편은 경제활동을 하면서도 집안일까지 두루 하고 있고, 아이들은 스스로 잘 자라고 있어요. 사실 상담이 정신적 피로도가 높다고 생각하지만 신체적 피로도 또한 보통이 아니에요. 온 신경과 마음을 각 시간마다 집중하고 난 하루의 끝은 무척 지치고 피곤한 상태가 되어 녹다운 되어버리거든요.

편 맞아요. 졸업하고 가정을 꾸리기 전까지가 황금의 시간이죠.

김 지금 이 책을 읽는 학생들은 와닿지 않을 거예요.^^

직업병은 어떤 게 있나요?

편 직업병은 어떤 게 있나요?

김 자꾸 사람을 관찰해요. 안 하려고 해도 나도 모르게 관찰하고 있더라고요. 그리고 상담하는 관계에서는 비밀 보장이 중요하기 때문에 그 부분을 더 신경 써서 조심하는 것 같아요. 인간관계에서 어떤 사람에 대해 다른 사람이 오해할 수 있잖아요. 그런데 그 오해를 풀기 위해 노력하지 않아요. 그 상황에서 그 사람이 왜 그렇게 행동했는지 알지만 말할 수 없는 거죠. 그렇게 그냥 오해의 상황으로 둘 때가 있어요. 아무리 친한 사이라도 제가 말을 옮기는 경우는 없어요. 그런 게 중요하다고 생각해요. 그런데 주위 사람들은 제가 상담사라는 직업을 갖고 있으니까 자기의 삶에 조금 개입해 주기를 바라요. 그래도 저는 웬만하면 안 하려고 하죠. 저는 일할 때와 안 할 때의 온, 오프가 분명하거든요. 오프일 때는 예민성과 민감성을 다 내려놓았는데, 일상에서 다시 그 스위치를 켜려면 힘들어요. 그래서 저는 일이 끝나면 딱 오프해요.

편 주변 사람들이 선생님께 어떤 걸 기대하나요?

김 저는 친구로서 대화하고 싶은데 그 친구는 어느 순간부터 자녀를 매개로 얘기를 하려고 하더라고요. 결혼 전에 만났거나 학창시절을 공유한 친구들이니까 일 이외의 우리의 삶에 대해서 즐겁게 대화 나누고 싶은데, 상담 이야기로 흘러가면 상담사로서의 스위치를 다시 온으로 켜야 하나 말아야 하나 하면서 긴장이 될 때가 있어요.

스트레스는 어떻게 해소하세요?

편 스트레스는 어떻게 해소하세요?

김 다른 상담사들도 마찬가지일 것 같은데요. 같은 직업에 종사하는 동료들과 말할 때 저는 마음이 편하더라고요. '아' 하면 '아'로 바로 알아듣고, 한마디 했을 때 두세 마디의 말로 거들어주고, 우리의 용어로 말해도 금방 통하는 그 경험이 좋더라고요. 서로 격려해주고, 이럴 때는 이렇게 해보는 건 어떨까 얘기하면서 해소가 되는 거죠. 저도 사람이니까 힘들 때가 있잖아요. 상담사도 누군가에게 기대고 싶은 순간이 있으니까요. 그럴 때 동료 상담사가 힘이 되는 것 같아요. 꼭 업무적인 것만이 아니라 내 일상의 고민들도 나누고 서로 상담을 해줘요. 최근에도 제 일에 대해서 상담하려고 했던 건 아닌데 얘기하다 보니까 상담이 됐어요. 힘이 많이 되더라고요. 얘기하면서 '내가 나를 객관적으로 못 봤구나.'라고 직면하니까 흐릿해 있다가 명료해진 느낌이 들었어요.

제가 온, 오프를 철저하게 구별하거든요. 정해진 휴일에는 카페든 어디든 무조건 나가요. 금요일에는 우리 아이들이 학교를 가니까 완벽하게 혼자만의 시간을 보낼 수 있어요. 그럴 때 다른 엄마들과 만나서 카페도 가고, 맛있는 것도 먹고, 영화도 보고, 음악도 들으면서 저의 시간을 챙기죠. 책 읽는 것도 좋아해서 소설 등을 읽으면서 재충전을 해요. 그렇게 채워진 건강한 에너지로 다시 일터에 와서 스위치를 켜는 거죠.

편 내 에너지가 건강해야 상담 온 아이들에게 건강한 마음을 나눌 수 있을 것 같아요.

김 상담사들이 농담처럼 하는 말이 있어요. 자기 문제가 있어서 상담 공부를 시작한다고요. 내 몸이 건강하고 내 마음이 건강해야 뭐든 잘되는 것 같아요. 그래서 멘탈 관리가 중요해요.

심리 상담을 하다가 내가 아픈 경우도 있을 것 같아요.

편 심리 상담을 하다가 내가 아픈 경우도 있을 것 같아요.

김 심리학 용어로 '역전이'라는 게 있어요. 상담하는 사람이 내담하는 사람에게 전이된다는 건데요. 예를 들면 괜히 내담하는 아이가 얄미운 거예요. 그 아이와 보드게임을 하는데 원래는 일부러 져주기도 하고 이기기도 하면서 조절해야 되는데, 나도 모르게 경쟁을 하면서 이기고 싶어 하는 거죠. 아니면 특정 주제에 대해서 부담스럽고 불편한 감정을 느끼는 경우가 있을 수 있어요. 아이가 엄마에 대해서 불편함을 호소하는데, 제가 그 부분을 부담스럽다고 느끼는 거죠. 이런 걸 역전이 됐다고 해요. 그래서 그런 부분들은 예방하는 게 제일 좋아요.

편 예방은 어떻게 하나요?

김 자기 점검을 철저히 하는 게 필요해요. 내가 불편한 부분에 부딪쳤을 때 혹시 내 안에 아직 해결되지 않은 문제가 있는 건 아닌지 생각해 보고, 슈퍼바이저나 동료 상담사들에게 물어보는 거예요. 그리고 자기 분석이라는 게 있어요. 상담사가 본인에 대해서 슈퍼바이저에게 상담을 받으면서 분석을 받는 거예요. 자기 분석에 맞춰서 자신이 불편한 부분을 미리 알면 조심하게 되고 그럼 역전이가 일어나지 않겠죠. 그런데도 계속 역전이가 일어난다면 그 아이를 다른 상담사한테 연결해 줘야 돼요. 양해를 구하고 이 부분에 대해 더 전문적으로 잘해주시는 분에게 연결해 주는 게 바람직한 것 같아요.

📧 역전이는 보통 자신의 콤플렉스에서 오나요?

📧 그럴 수도 있고 아닐 수도 있어요. 예를 들어 상담사가 엄마와의 관계가 어렸을 때부터 불편했고, 미해결된 상태라면 엄마를 너무 믿고 좋아하는 아동 청소년이 왔을 때 이해도 안 되고, 공감도 못해요. 거기에서부터 시작되는 거예요. '나도 있고, 아빠도 있고, 주변에 친구들도 있는데, 왜 엄마만 좋다고 하지?'라고 생각하는 게 벌써 역전이가 일어난 거라고 봐요.

📧 그럼, 자기 분석을 통해서 내가 해결되지 않은 부분이 있다는 걸 먼저 인정하는 거네요.

📧 네. 인정해야죠. 이 부분을 건드리면 내가 아프다는 걸 알아야 해요.

편 그런 부분은 아예 안 건드리는 게 맞나요?

김 분석을 통해서 알았으니까 조심하는 게 좋죠.

편 조심한다는 건 어떤 거예요?

김 내가 불편함을 느끼더라도 이 아이의 마음을 그대로 받아주는 거죠. 엄마가 좋다고 하면, '그랬구나. 너는 엄마가 있어서 힘이 되는구나. 의지할 수 있는 엄마가 있는 건 참 감사한 일이다.'라고 얘기해 주는 거예요. 아이의 주변 환경에서 긍정적 자원이 될 수 있는 것을 아이에게 계속 말해주는 것도 도움이 되거든요. 초반에 탐색할 때 아이에게 긍정적 자원이 되는 것과 불필요한 자원을 구분해요. 또 다른 예로 인정 욕구가 강한 상담사인데 인정을 못 받는 것 같아서 화가 나니까 상담하기가 싫어지는 경우도 있어요. 이것도 역전이가 된 거예요. 교육받을 때 조심해야 된다고 많이 다루는 부분이기도 해요. 스스로 계속 자기 점검을 해야 한다고 배우죠.

편 이직하면 보통 어떤 일을 하나요? 상담사 출신이면 더 우대받는 직군이 있나요?

김 저는 복지관에서 근무하다가 상담사가 된 거라서 복지사 자격증도 있어요. 그래서 다시 복지사로 가게 된다면 아동 청소년 관련해서는 유리하겠죠. 상담을 했던 사람이라서 사업을 수행하는 데 훨씬 더 폭넓게 접근할 수 있으니까요. 아예 다른 분야에 가더라도 상담을 했다고 하면 마이너스가 되진 않을 것 같아요. 어느 분야나 상담했던 사람을 고용하는 건 좋아할 것 같거든요. 어느 분야에서나 유리하다고 생각해요.

편 상담사들이 가장 많이 활약하는 분야가 어느 곳인가요?

김 상담센터나 학교죠. 요즘은 기업에도 많아요. 기업 임원들이나 직원들을 대상으로도 상담하더라고요. 또는 기업의 홍보팀이나 광고대행사, 컨설팅 회사로 진출할 수도 있죠. 아니면 심리와 관련된 연구기관에 가서 심도 있는 연구를 할 수도 있어요. 상담에 관련된 공공기관(한국청소년상담복지개발원, 한국건강가정진흥원 등)으로

갈 수도 있고요. 군 상담도 있어요. 군대에 들어가서 군인들을 대상으로 상담하는 거죠.

이 직업을 잘 묘사한 영화나 소설이 있을까요?

편 이 직업을 잘 묘사한 영화나 소설이 있을까요?

김 〈굿 윌 헌팅〉이라는 영화가 있어요. 천재적인 지능을 갖고 있는 윌이 반항아로 지내다가 숀이라는 심리학 교수를 만나서 위로받고 변화하는 과정을 그린 내용이에요. 그저 놀고먹는 것이 전부인 청년이 천재적인 능력을 숨기고 살아가다가 재능을 발견한 심리학 교수 숀을 만나게 되고, 점점 상처를 치유하며 마음을 열게 되죠. "그건 네 잘못이 아니야."라는 대사가 유명한데, 저는 숀이 윌에게 상담 마지막 날 "네 마음이 시키는 대로 하면 잘될 거야."라는 대사가 가장 기억에 남아요. 그리고 〈인사이드 아웃〉이라는 애니메이션은 다섯 번은 넘게 봤을 거예요. 사람의 머릿속에 존재하는 다섯 가지 감정(기쁨, 슬픔, 버럭, 까칠, 소심)을 귀여운 캐릭터들로 이해하기 쉽게 잘 그려냈어요. 아이들과의 상담에 클립 영상을 사용하기도 한답니다. 마음속의 변화 과정이 표현되었고, 따뜻함과 재미가 있는 애니메이션이에요.

그리고 『나는 하버드 심리상담사입니다』라는 책이 있어요. 동양인 심리치료사 웨샤오둥이라는 중국 사람이 하버드 학생들의 심

<굿 윌 헌팅>
감독 구스 반 산트, 1998년 개봉작

<인사이드 아웃>
감독 피트 한스 닥터, 2015년 개봉작

『나는 하버드 심리상담사입니다』
저자 웨샤오둥, 2019년 세종서적

리를 상담해 주는 내용이에요. 케이스를 쉽게 풀어서 학생들이 읽어도 좋을 것 같아요. 상담사의 경험과 실제 사례를 바탕으로 조곤조곤 이야기를 들려주듯이 쓴 책이에요. 책 내용 중에 이런 내용이 있어요. 상담을 마친 학생을 돌려보내면서 상담사 자신의 일부가 그를 따라가는 것 같고, 그의 일부가 영원히 마음속에 머무르는 것 같다는 내용이죠. 그 과정에서 상담 기술이 숙련되고 통찰력이 끌어올려지며 인격이 다듬어지고 있음을 느낀다고 하는데, 깊이 공감되는 내용이었어요. 저 또한 만나고 헤어진 많은 아이들이 제 마음 한편에 한 자리씩 자리 잡고 있다고 느끼거든요.

심리상담사라는 직업의 미래에 대해
어떻게 생각하세요?

편 이 직업의 미래에 대해 어떻게 생각하세요?

김 요즘 코로나 오미크론 변이 때문에 다들 힘들잖아요. 그로 인해서 경제적인 어려움이 생기고 그게 가족 문제로 이어져요. 어른들의 스트레스로 인해서 아이들도 정서적으로 스트레스를 계속 받고요. 그래서 심리 상담이 점점 중요해질 것 같아요. 특히 서울은 학교에 못 가는 날이 많았다고 들었어요. 코로나가 시작된 해에 입학한 어느 대학생은 수업을 줌으로만 하니까 같은 과 학생들을 모른다고 하더라고요. 학교에서 친구들과의 교우관계를 통해 사회성을 배워야 하는데 그러지 못한 아이들이 많아지고 있어요. 바이러스는 계속 나올 텐데, 그 와중에도 아이들은 크고 있잖아요. 그만큼 사회적 문제가 계속 있을 것 같아요. 그래서 심리상담사는 점점 더 많이 필요하게 될 것 같아요.

AI를 이용한 상담도 시도되고 있어요. 상담의 영역 중 교육 및 지시, 지지, 듣기 중심, 정보 제공 등의 역할을 하는 상담봇이 국내외적으로 개발되고 있어요. 미국에 엘리라는 상담봇은 PTSD라고

상담 봇 엘리: 2016년 MBC에서 방영된 <미래인간 AI: 3부 사피엔스의 미래> 중

외상 후 스트레스 장애 환자를 대상으로 상담을 진행하고 있고, 시리아에는 카림이라는 로봇이 난민을 치료하고 있죠. 일본에서 개발된 코코로는 우울증 치료에 사용되고 있다고 알려져 있어요(한국심리학회 전문가 칼럼 에세이 『AI 로봇 시대, 심리 상담 로봇에 대한 상상과 상담심리사의 역할』 신효정, 2018). 사람과 너무 비슷해서 상담받는 내담자가 로봇인지 사람인지 구분을 못할 정도라고 해요. AI가 로봇의 모양이 아니라 사람과 비슷한 외양을 하고 있고, 내담자의 말에 반응까지 하고요. AI 상담봇의 기술이 점점 발전하고 정교화되면 활성화될 것같지만 제 개인적으로는 로봇보다 살아있는 사람에게서 느껴지는

따뜻함, 공감, 위로, 경험에 기반한 조언들이 더 가치 있는 것 같아요. 로봇이 어디까지 할 수 있을지 궁금하네요. 그런데 오히려 기계가 낫다고 생각하는 분들도 있어요. 사람에게 말하기 힘든 일을 로봇에게는 편하게 말할 수도 있으니까요. 예전에 공룡 인형, AI, 사람 중에 누구에게 상담을 받고 싶은지 테스트를 했는데, 그중에서 제일 많이 나온 게 공룡 인형이었어요. 친근하게 다가가기 편해서 어른도, 아이도 공룡 인형을 제일 많이 선호한 거죠.

편 공룡 인형이 제일 많이 뽑혔다는 건 어떤 조언을 받고 싶기보다는 내가 편하게 이야기하고 싶은 마음이 더 컸다는 거네요. 사람은 내가 가지고 있는 걸 계속 표현하고 얘기해야 건강해지나 봐요.

김 맞아요. 쌓인 감정들은 갈 데가 없어요.

심리상담사와 정신건강의학과 의사는 어떤 관계인가요?

편 심리상담사와 정신건강의학과 의사의 관계는 어떻게 되나요? 민감한 문제인가요?

김 정신병원과 심리상담센터의 가장 큰 차이는 약 처방이에요. 센터에서는 병명을 진단할 수 없어요. 기관장이나 일반 상담사 모두 진단은 못해요. 진단이 필요하면 의사한테 가서 받아와야 돼요. 처음에 말씀드린 것처럼 정신적 질환이 있어서 의사의 약 처방이나 진단이 필요하면 병원으로 가는 게 맞아요. 이후 병원 내에서 운영하는 심리치료센터를 이용하거나, 사설 심리상담센터를 선택해서 가는 거죠.

편 상담은 건강보험 지원이 안 되나요?

김 미국과 영국, 독일 등에서는 상담 전문가의 상담 서비스가 건강보험에 적용되고 그래서 보다 많은 국민이 상담 서비스를 찾는다고 해요. 하지만 우리나라는 정신건강의학과 전문의가 하는 심리 상담에만 건강보험을 적용하고 있어요. 상담사가 하는 상담은 건강보험 수가 적용에서 제외된 거죠. 그러나 실제로 많은 사람들이 상담사에게 상담을 받고 있고 건강보험이 적용된다면 더 많은 사람들이 심리 상담에 대한 경제적 부담이 경감될 것 같아요.

편 약간의 이해관계가 있을 것 같아요.

김 가장 바람직한 것은 서로의 영역을 존중하고 협력하며 보다 많은 사람들의 심리적 어려움을 함께 나누고 해결하는 것이에요. 보건복지부에서는 의사가 아닌 사람의 행위에 '치료'라는 용어가 들어가면 불법이라고 보고 있는데, 여러 가지 측면에서 논의 중인 거 같아요. 우선 보건복지부의 판단은 보류되었는데 '요법'이라고 하면 일본에서 사용되는 말이라고 안 된다고 하고 '치유'라고 하면 교회 측에서 영성에만 사용되는 말이라 안 된다고 하니 아마 시간을 갖고 충분한 논의를 거쳐서 결정해야 할 거예요. 그래서 저도 놀이 상담, 미술 상담 등 매체 상담이라는 용어를 쓰게 되더라고요. 어찌 되었거나 저는 상담사들이 사회적 변화에 민감하게 반응해야 한다고 생각해요. 그렇지 않으면 우리들만의 리그가 될 수 있거든요. 우리도 사회의 구성원이니까 사회와 영향을 주고받아야죠.

아동청소년심리상담사가
되는 방법

심리상담사가 되는 다양한 방법과 과정을 알려주세요.

편 심리상담사가 되는 다양한 방법과 과정을 알려주세요.

김 4년제 대학교, 대학원 관련 학과에 진학해서 교육을 받아야 해요. 상담학과나 심리학과에 진학하면 되는데, 심리사법이 언제 통과될지 모르니 미래를 대비해서 준비하자면 심리학과를 진학하는 것이 좋겠죠.

편 심리 전공이 아니라 아동학과에 진학해도 상담을 할 수 있나요?

김 저 같은 경우 학부 때는 아동가족복지학과였다가 대학원에 아동학과로 진학하여 상담 및 임상심리를 전공했어요. 학교마다 과명은 조금씩 다른데 상담 또는 심리라는 명칭이 들어가면 되고요. 아까 말씀드렸듯이 개인적 의견으로는 심리사법을 대비하기 위해서 지금 진학하는 학생들은 심리학과로 가는 것이 좋을 것 같아요. 심리 상담 분야는 보통 학부에 입학하면서 학회 활동도 같이 시작해요. 학회는 대학교에서 관련 전공을 해야만 가입시켜 주거든요. 그냥 아동학과만 나와서는 안 되고, 세부 전공이라도 상담이나 심

◆ 심리학과 학교 학과 ◆

*서울 내 대학교 기준

대학교	학과명
광운대학교	산업심리학과
삼육대학교	상담심리학과
서울대학교	심리학과
서울여자대학교	교육심리학과
서울한영대학교	재활상담심리학과
성균관대학교	심리학과
성신여자대학교	심리학과
숙명여자대학교	사회심리학과
연세대학교	심리학과
이화여자대학교	심리학과
중앙대학교	심리학과
케이씨대학교	상담심리학과
등등	등등

리라는 단어가 학과명에 들어가야 해요. 그래서 보통 학교에 들어가면서 동시에 학회에 가입해요. 학회에 들어가서 교육도 받고 시험도 보죠.

◆ 심리학학회 ◆

한국상담심리학회 www.krcpa.or.kr

한국임상심리학회 www.kcp.or.kr

한국발달심리학회 www.baldal.or.kr

한국영유아정신건강학회 www.imentalhealth.org

한국놀이치료학회 www.playtherapykorea.or.kr

한국미술치료학회 www.korean-arttherapy.or.kr

심리상담사는 국가자격시험을 보나요?

편 심리상담사는 국가시험을 보나요?

김 국가시험으로 보는 상담 자격증은 정신보건임상심리사, 임상심리사, 청소년상담사, 직업상담사 이렇게 세 가지가 있어요.

구분	자격 증명	응시 자격
국가전문자격 : 중앙행정기관의 장이 개별 법령에 따라 발급	정신보건임상심리사	심리학 전공자로서 정해진 수련 과정 이수자
	청소년상담사	상담 관련 전공자 및 상담 실무 경력자
국가기술자격 : 국가자격 중 산업과 관련이 있는 기술, 기능 및 서비스 분야의 자격 제도	임상심리사	• 임상 심리와 관련하여 1년 이상 실습 수련을 받은 자 • 2년 이상 실무에 종사한자로서 대학 졸업자 및 졸업 예정자 등
	직업상담사	제한 없음

편 4년제 전공을 하고 학회에서 훈련을 받으면 자격증이 나오나요?

김 자격증은 시험을 봐서 취득해야 해요. 학부만 졸업했을 때와 대학원 석박사를 졸업했을 때 응시할 수 있는 급수가 달라요. 앞에서 말씀드린 세 가지 국가시험 자격증은 전공 제한이 없어요. 4년제

대학교를 나와서 학위를 이수하면 시험에 응시할 수 있죠. 하지만 심리학을 전공하지 않은 일반 학부생이 이 시험을 통과하는 건 어려워요. 상담 용어와 개념들을 다 이해해야 하니까요. 그 외의 자격증은 학회에서 받는 자격증인데요. 상담 분야에서는 국가자격증보다 학회의 자격증을 더 높게 평가하는 편이에요. 왜냐하면 국가자격증은 전공에 제한이 없지만, 상담학회는 상담 관련한 사람만 들어갈 수 있으니까 더 전문적이라고 생각하는 거죠. 사회의 구조적인 부분인데요, 사실 상담받는 분의 입장에선 그 차이를 잘 모르실 거예요. 그래서 심리서비스법을 개정한다고 계속 나오더라고요.

◆ 자격 취득 절차 ◆

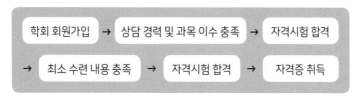

* 학회마다 대부분 비슷하며 위는 상담심리학회의 상담심리사 자격 취득 절차

편 그럼, 고등학생들이 아동학과, 상담학과, 심리학과에 진학하고 학회에 가입해서 학회 자격증도 받고 국가자격증도 취득하면 4학년 끝났을 때 이 일을 바로 할 수 있겠네요.

김 네. 자격증을 취득했다면 가능하죠. 만약 자격증이 없다면 국가 지원 바우처를 제공받는 심리상담사로 등록할 수 없어요. 자격증 번호를 입력해야 바우처를 진행할 수 있는 인력으로 등록이 되거든요.

편 자격시험이 어렵나요?

김 네. 굉장히 어려워요. 자격증은 다 어려운 것 같아요. 필기를 우선 통과해야 하고 그다음에 실습 수련 과정이 또 있어요. 상담 몇 케이스, 검사 몇 케이스, 슈퍼비전 몇 케이스, 지정해 준 심리 검사 몇 케이스 등 해야 하는 게 많아요. 동시에 학회에서 주최하는 학술 대회에도 참가해야 하고, 공개 사례 발표도 해야 하고 여러 가지 채워야 하는 수련 요건들이 있는데 그것들을 할 때마다 비용도 다 내야 해요. 아무리 빨리하는 사람도 학회 자격증까지 따는데 2년 정도 걸리는 것 같아요. 학부 재학 중에 자격증까지 따면 좋겠지만 학교 공부도 할 게 많아서 같이 하기는 힘들어요. 그리고 학회의 자격증을 땄더라도 유지하기 위해서는 1년 안에 채워야 하는 수련 이수 조건들이 있어요. 계속 공부하는 거죠.

편 완전히 특수 전문가네요.

김 개인의 노력이 많이 들어가죠.

대학원에 많이 진학하는 이유가 있을까요?

편 대학을 졸업하고 자격증을 따면 일을 할 수 있는데, 보통 대학원에 많이 진학하시더라고요. 이유가 있을까요?

김 대학을 나와서 상담 현장에 있다 보면 한계를 크게 느끼는 것 같아요. 사람을 대하는 일이고 사람의 마음을 만져주는 일이기 때문에 깊이 있는 공부가 필요해요. 그런데 학부만 마치고 잘 하기에는 한계가 있는 것 같아요. 그래서 대학원에 많이 진학해요. 저도 박사과정을 고민하고 있어요. 박사과정을 가면 공부는 더 많이 해야 하지만 훌륭한 교수님들께 지도를 받을 수도 있고, 도움을 주고받을 동료들도 생기고 아무래도 영역이 더 확장될 수 있을 것 같아요.

편 학부만 졸업해도 자격증을 따면 할 수 있는 일인데 일을 하다 보면 필요에 의해서 공부를 더 하는 거군요.

김 네. 본인이 절실히 느끼는 것 같아요. 주변에서 가니까 나도 가는 게 아니라 일할수록 내가 공부를 더 해야겠다고 느끼는 거죠. 게다가 주요한 학회에서 보다 상위 자격을 취득하려면 석사 이상의 학위가 요구되는 편이기도 해요.

채용 정보나 기출문제는 어디에서 확인해요?

📭 상담사들만 이용하는 채용 정보나 기출문제들을 공유하는 데가 있나요?

📭 각 학회마다 구인, 구직 정보를 올리는 카테고리가 있어요. 채용 관련해서는 아이소리몰이라는 사이트가 있는데 심리상담사들만 구인하는 곳이에요. 워크넷에서 구하기도 하고요. 자격증 시험은 이미 기출문제 교재가 다 나와 있어요. 그리고 공부는 학교에서 배운 전공 서적들로 많이 하고요. 그런데 기출문제 교재보다 전공 서적이 훨씬 도움이 되긴 했어요.

◆ 구인 구직 사이트 ◆

워크넷 www.work.go.k
아이소리몰 www.isorimall.com
카운잡 www.counjob.co.kr
심리야 www.simriya.kr

편 우리나라에서 제일 저명한 학회는 어디예요?

김 한국상담심리학회, 매체를 이용하는 한국놀이치료학회, 아동정신건강학회, 한국모래치료학회, 미술치료학회 정도가 유명해요.

편 대학교에서 학부 4년 공부하면서 학회 공부까지 하려면 벅찰 것 같아요.

김 네. 힘들어요. 그래서 대학원에 진학하고 나서 학회 활동을 많이 하는 것 같아요. 학회에서 수련을 할 때마다 비용이 들어가는데 학부생들은 아무래도 경제적으로 어렵죠. 대학교도 이미 돈이 많이 들어가니까요. 학회 자격증도 대학원에 가서 많이 따는데, 부지런한 사람들은 빨리빨리 공부해서 젊은 나이에 다 끝내기도 해요.

편 이 책을 보고 학생들이 좀 더 빠른 길로 가면 좋겠어요.

김 요즘 심리학과 경쟁률이 높아져서 성적이 좋아야 한다고 들었어요. 예전보다 기준이 높아졌다는 건 사회상을 반영하는 게 아닐까 생각해요. 그만큼 가려고 하는 사람들이 많아졌다는 의미고, 그만큼 심리 분야의 전문가를 필요로 하는 시대라는 거잖아요. 워낙 매체에서 많이 다루니까 심리 상담이 대중화된 것도 영향이 클 거고요.

편 선생님이 생각하실 때 의사가 더 잘 맞는 학생, 심리상담사가 더 잘 맞는 학생의 기질이 있을까요?

김 결국은 본인의 선택이죠. 의사가 전부 다 그런 건 아니겠지만 조금 더 냉정하고 논리적이고 분석적인 것 같아요. 그게 성향에 맞는다면 의사로 가는 게 맞아요. 상담은 상대방에 대한 공감과 이해가 조금 더 높은 비율을 차지하는 것 같고요.

편 어떤 친구들은 이 책을 보면서 의사가 될 성적이 안돼서 심리상담사를 하는 건가 궁금할 수도 있어요.

김 성적 때문에 의대에 진학 못하고 심리 상담 쪽으로 오는 학생들도 있겠죠. 저희끼리 농담할 때 이 정도로 많이 공부할 줄 알았으면 조금 더 해서 의사하는 게 낫겠다고 해요. 그 정도로 학습량이 많아요.

청소년 시기에 특별히 잘해야 되는 과목이 있나요?

편 청소년 시기에 특별히 잘해야 되는 과목이 있나요?

김 고등학교 과정에서 도움이 되는 과목은 영어예요. 수업 때 영어로 된 논문을 많이 읽기도 하고 자료 찾을 때도 큰 도움이 돼요. 그리고 수학인데요, 저는 논문 쓸 때 통계 프로그램 돌리는 게 너무 힘들었어요. 생물 관련 지식도 많이 습득해 두면 유전자와 신경계, 호르몬에 대한 부분을 배울 때 훨씬 수월할 것 같아요. 하지만 가장 중요한 것은 원하는 대학에서 요구되는 정도의 성적은 나와야겠죠. 그리고 상담 전공으로 대학을 못 갔거나 2년제 대학에 입학한 경우는 사이버대학에서 2년을 채워서 4년을 마치고 대학원을 가도 돼요. 상담사는 이론과 기술이 다 필요해요. 보통 사람들은 상담이라고 하면 그냥 들어주는 거라고 생각하지만, 상담사가 갖고 있는 전문적 지식이나 학문적 소양으로 아동 청소년이 시기마다 어떤 발달 과정을 겪는지 알고 있어야 효과적이거든요. 그런 기술과 전문적인 지식을 얻으려면 교육을 받아야 하죠. 지식과 기술을 반드시 숙지하고 있어야 상담이지, 아니면 그냥 만나서 의미 없는 이야기만 주고받게 됩니다.

어떤 사람이 심리상담사가 되면 좋을까요?

편 어떤 사람이 심리상담사가 되면 좋을까요?

김 타인에 대한 공감과 이해심이 남들보다 깊어야죠. 다른 사람의 이야기를 잘 들어주고요. 다른 사람이 힘든 걸 금방 알아채고 공감해 주는 사람이 하면 좋을 것 같아요. 반대로 힘들다는 얘기를 들었을 때 "그거 가지고 뭘 그래?"라고 하면서 오히려 자신의 얘기를 꺼내는 사람들이 있어요. 그런 사람들은 상담이 잘 안 맞아요. 타인에 대한 경청과 공감, 이해가 많으면 좋겠어요. 그리고 개인적으로는 정서적 분리가 잘돼야 한다고 생각해요. 어쨌든 그 사람의 감정이에요. 마음을 바꾸는 데 도움을 줄 수는 있지만 끌려가지는 않아야죠. 그 사람이 스스로 찾아갈 수 있도록 도와주는 게 상담사의 역할이니까 정서적인 분리가 중요해요.

그다음에 책임감이 있어야 되겠죠. 아이들의 입장에서는 어쩌면 중요한 페이지가 될 수도 있는 순간이잖아요. 그런데 될 대로 되라는 식으로 책임감 없이 상담하면 안 되죠. 책임감을 가진 상담사와 서로 공감하고 이해하고 지지를 주고받는 시간이 쌓였을 때 아이 인생의 그다음 페이지가 바뀔 수 있다고 생각해요. 책임감을 항상 가지면 좋겠어요. 그리고 다 그런 건 아니지만 책임감이 없는 어른들로 인해서 온 아이들도 있는데, 상담사를 잘못 만나서 아이들이 같은 경험을 하면 안 되잖아요. 만약 그렇다면 아이에게 세상이 얼마나 가혹하게 느껴지겠어요.

인내력도 필요해요. 성격이 급하면 상담하면서 빨리 바뀌지 않는 것에 조바심이 나고, 지금 상담이 잘되고 있는지에 대한 불안으로 이어지기도 해요. 그게 아이에게 영향을 미칠 수도 있어요. 그래서 인내력을 가지고 급하지 않게, 아이가 충분히 잘하고 있다는 확신을 가지면서 상담하는 게 필요해요. 그리고 비밀을 잘 지켜주는 사람이 하면 좋겠어요. 저는 남편에게도 이런저런 얘기들을 잘 안 해요. 전문가끼리 모여 공개 사례 발표를 할 때면 제가 상담한 사례의 목표와 상담 과정에 대해 이야기를 하는데, 내담자의 나이와 성별 정도만 말하고 개인정보는 얘기하지 않죠. 비밀 보장이 중요한 일이에요.

선생님은 학창 시절에 어떤 학생이었나요?

편 학창 시절에 어떤 학생이었나요?

김 저는 사람을 좋아해서 주변에 친구가 많은 편이었어요. 여자 친구들이나 남자 친구들 다 잘 지냈던 것 같아요. 인간관계를 깊게 맺는 편이라 한번 좋은 관계를 맺으면 오래가고요. 제일 친한 친구도 30년 된 친구예요. 사춘기 시절에 삐치는 정도는 있었지만 한번도 크게 싸운 적은 없었어요. 10년, 20년 이상 세월을 함께 보낸 오래된 친구들이 많죠. 그리고 책을 굉장히 좋아했어요. 가정 내 영향인 것 같기도 한데 어린 시절부터 집에 전집이 많았거든요. 공부를 좋아하고 열심히 한 것 같지는 않은데 책은 많이 좋아했고 소설, 자기계발서, 에세이, 여행집 등 다양한 분야의 책을 접하고 읽으면서 푹 빠져있었어요. 그러면서 머릿속에 남은 내용들이 상담사로서 사람들의 경험을 이해하는 데 도움이 된 것 같아요.

그리고 자신감도 많고 진취적이었어요. 사춘기를 보내며 한때는 부모님 속도 썩혔던 것 같은데 못난 모습도 한결같이 예뻐해 주셨거든요. 공부하러 가는 게 아니라 친구들과 놀러 나가는 딸의 구두를 빛이 나게 닦아주시며 '김공주'라고 부르던 아버지의 사랑이,

우르르 친구들과 몰려다니는 딸에게 "그래도 네가 학교에서 인기가 많은가 보다."라고 좋게 말씀해 주시는 어머니의 마음이 저의 자존감을 단단하게 만들어주지 않았나 생각해요. 그리고 보면 부모님의 영향에서 비롯되는 성장 과정은 참 중요해요.

어떤 학생들에게 이 직업이 잘 맞을까요?

📕 어떤 학생들에게 이 직업이 잘 맞을까요?

🔵 에너지가 밝고 긍정적인 학생들이요. 친구들이 힘든 일이 있거나 고민이 있을 때 나에게 와서 얘기를 한다면 심리상담사의 자질이 있다고 볼 수 있어요. 친구들이 나를 찾는 데는 다 이유가 있는 거거든요. 잘 들어주는 것만으로도 이미 절반은 성공했다고 봐요. 청소년상담복지개발원에서 주관하는 솔리언 또래 상담이라는 프로그램이 있어요. 이 프로그램은 소정의 또래 상담 훈련을 이수한 청소년들이 또래 친구의 고민이나 어려움을 들어주고 도움을 주고받는 활동이에요. 이 프로그램에 참여하면서 적성에 맞는지 상담사로서의 진로를 고민해 보는 것도 도움이 될 거라고 생각해요.

◆ 솔리언 또래 상담 프로그램 ◆

구분	대상	교육 시간	주요 내용
솔리언 또래 상담	초등 중고등	8 12~15	친한 친구 되기 대화하는 친구 되기 도움 주는 친구 되기
또래 상담 심화	초등 중고등	8	성장하는 또래 상담사 정서적 지지자 또래 조력자 또래 해결자 학교 공감배려문화 촉진자 지역사회 공감배려문화 촉진자
다문화 해외 교포 청소년 또래 상담	다문화 해외 교포 중고등	9	다가가는 친구 되기 대화하는 친구 되기 도움 주는 친구 되기
스마트폰 사용 조절	중고등	4	스마트폰 사용 유형 이해 스마트폰 사용 유형별 상담 스마트폰 사용 조절 점검 및 계획 세우기
탈북 청소년 또래 상담	중고등	4	고정관념 및 편견 의식 다문화 수용성 함양 긍정적 접촉 경험 상호 이해를 통한 성장
사이버 폭력 예방 또래 상담	중고등	4	사이버 폭력 이해 사이버 폭력 대처 방법 사이버 공간 예절 함양 사이버 폭력 예방문화 확산 활동

한국청소년상담복지개발원 www.kyci.or.kr

심리상담사가 맞지 않는 사람은 어떤 사람일까요?

편 심리상담사가 맞지 않는 사람은 어떤 사람일까요?

김 자신이 무조건 옳다고 생각하는 사람은 이 일에 안 맞을 것 같아요. 다른 사람의 입장과 가치관보다 자기 생각을 중요하다고 여기는 사람이 있잖아요. 학생들이 자신의 확고한 생각을 갖는 것은 매우 중요해요. 하지만 무조건 자기 생각만을 최우선으로 하고 다른 사람의 생각을 가볍게 여기는 건 바람직하지 않다고 생각해요. 다른 친구들의 이야기에 귀 기울이지 않는 모습으로 나타나겠죠. 그리고 감정 기복이 큰 친구들도 상담사로는 적합하지 않아요.

편 주위에서 상담사에 적합하지 않은 분들을 보신 적이 있나요?

김 감정 기복이 큰 상담사를 본 적은 없는데 내담자를 ATM기라고 표현하는 상담사는 본 적이 있어요. 원하는 대로 돈을 뽑아낼 수 있다는 식이었는데, 그 상담사와 지금은 연락하지 않아요. 상담사는 윤리적이어야 해요. 일주일에 한 번만 와도 되는 아이를 더 자주 오라고 하거나 불필요한 검사를 하겠다고 요구하면 안 되잖아요. 어느 분야에나 사람을 성공의 수단 정도로 이용하는 이들이 있는 것 같아요.

아동청소년심리상담사가 되면

심리상담사로 첫 발을 내딛게 되면
어떤 업무부터 시작하나요?

편 자격증을 따서 전문 상담사로 첫 발을 내딛게 되면 어떤 업무부터 시작하나요?

김 초심 상담사도 바로 상담을 시작해요. 운영자마다 다르겠지만, 저 같은 경우는 상담사의 능력이나 경력에 따라서 배정을 하기 때문에 이제 막 시작하는 초심 상담사라면 좀 더 가벼운 상담 사례부터 배정해요. 점점 숙달되면 다각적으로 접근해야 하는 복잡한 케이스를 맡아서 할 수 있게 하죠. 어쨌든 일을 시작하면 아동에 대한 케이스 파일을 살펴보면서 충분한 정보를 습득하고 목표와 방향성에 대해 고민하면서 상담해요. 과정은 모두 비슷해요. 어떤 센터는 상담사에게 전적으로 다 맡기는 곳도 있고, 반대로 센터장이 하라는 대로만 해야 하는 센터도 있는데요. 저는 그 중간 정도인 것 같아요. 제가 특별하게 개입하진 않지만 케이스에 대해서 서로 공유하고 같이 고민하죠. 초심 상담사라면 처음에는 목표나 상담 방법, 접근에 대해서 좀 더 세세하게 이야기하고 나중에는 믿고 맡기는 편이에요.

편 첫 상담은 너무 떨릴 것 같아요.

김 엄청 떨리죠. 그 부분을 학교에서 다 연습하고 실습하지만 진짜 상담료를 받고 하는 실무는 느낌이 달라요. 자격증 제도여서 인턴 등의 과정은 없어요. 자격이 있는 사람은 상담사로서 업무를 바로 시작하기 때문에 바로 상담에 투입되죠. 어느 센터든 다 마찬가지일 거예요. 위 클래스는 대부분 혼자 근무하는 걸로 알고 있어요. 그러니까 처음 이 일을 시작한 상담사여도 혼자 해야 되는 거죠.

편 위 클래스 선생님은 공무원이 아니죠?

김 아닌 걸로 알고 있어요. 그래도 관련 자격은 있어야 해요. 관련 전공도 해야 되고요.

편 지원을 많이 하나요?

김 사람마다 다른 것 같아요. 학교니까 출퇴근 시간이 명확하잖아요. 그래서 선호하는 분도 있고 아닌 분도 있어요. 그리고 학교 행정 관련 업무가 많아서 굉장히 바쁘다고 들었어요.

심리상담사들도 업무 분장이 있나요?

편 심리상담사들도 업무 분장이 있나요?

김 제가 운영하는 센터는 작고 개인이 운영하는 센터이기 때문에 상담사 개인이 책임감을 가지고 계획해서 진행하고 있어요. 그래서 특별히 업무 분장은 없어요. 같이 모여서 하는 건 월 사례회의에서 케이스를 공유하는 정도인데, 이건 센터마다 달라서 안 하는 곳도 있고요. 하지만 국가에서 운영하는 단위가 큰 상담센터에서는 업무가 나뉘어 있을 수 있겠죠. 접수 면접, 심리 평가, 개인 상담, 전화 상담, 게시판 상담, 집단 상담, 진로 상담, 부모 상담, 위기 상담, 교육 훈련 등등이요. 나누어진 업무마다 특성이 조금씩 다르고 준비해야 할 것들도 다르겠죠. 상담이 제대로 되고 있는지 아닌지는 상담사 본인만 알아요. 그래서 상담사는 정말 윤리적인 사람이어야 해요. 어떤 상담사를 만나느냐에 따라 아이들이 바뀔 수 있으니까요.

아이들이 선호하는 심리상담사의 나이대가 있나요?

편 아이들이 선호하는 심리상담사의 나이대가 있나요?

김 상담사의 나이대는 다양해요. 나이가 좀 들어서 시작한 분들도 있고 경력이 있어도 아직 젊은 상담사들도 있어요. 그런데 내담자마다 어떤 분들은 젊은 선생님을 선호하고 어떤 분들은 본인 보다 어린 상담사를 불편해하기도 해요. 나이대마다 장단점이 있어요. 비교적 젊은 상담사는 아무래도 보다 활력이 있고, 시대의 변화를 금방 받아들이며 아이들이 빨리 친근감 있게 다가오겠죠. 반면에 나이가 어느 정도 있는 상담사는 삶의 경험과 지혜가 많으니 편안하고 안정적인 상담이 진행될 수 있을 것 같아요. 나이대 관련하여 상담사 본인이 문제가 있다고 여겨지고 상담에 영향을 끼친다고 느끼면 그걸 극복하기 위해 전문적인 소양을 제대로 갖추고 있는 게 중요해요.

아이들을 좋아해야 하는 직업인 거죠?

편 아이들을 좋아해야 하는 직업인 거죠?

김 기본적으로 아이들을 많이 사랑하는 사람들인 것 같아요. 상담사 카페, 언어 치료사 카페, 놀이 상담사 카페 등 많거든요. 모여서 서로 조언도 구해요. 어떤 활동을 했더니 아이에게 도움이 됐다고 활동 자료를 올려주기도 하면서 어떻게든 아이들에게 도움이 되는 내용이나 정보를 서로 공유하고 나누려고 하죠. 이 일이 얼마나 힘들고 많은 공부가 필요한지 서로 잘 알고 있으니까요. 이런 커뮤니티가 도움이 돼요. 그 안에서 상담사들을 지켜보면 다들 건강하고 선한 분들이에요. 아이들이 가진 가능성을 믿고 발견하는 것은 너무나 행복한 일이죠. 상담하면서 나눈 것들을 아이들이 스펀지처럼 쏙쏙 받아들여 나름의 방법대로 사회에 나가 대처하고 해결해나가는 모습을 지켜보면 너무나 뿌듯하고 대견해요. 그런 마음이 드는 것은 아이들을 좋아하니 그렇게 느끼는 거 아닐까요.

숙련되기까지 얼마나 걸리나요?

편 자격증이 있으면 바로 시작할 수 있지만, 숙련되기까지는 얼마나 걸린다고 생각하세요?

김 모든 일이 그렇지만 하면 할수록 노련해지겠죠. 하지만 오래 상담을 했더라도 케이스를 적게 한 사람보다는 기간이 짧더라도 많은 케이스를 상담해 본 사람이 숙련도는 더 높을 수 있어요. 결국에는 경험이죠. 많은 아이들을 만나는 것이 중요해요.

편 기간보다는 많은 상담을 해보는 게 중요하네요.

김 비슷한 사례를 만났을 때 이전 상담의 경험을 바탕으로 더 잘할 수 있으니까 도움이 되죠. 학교 다닐 때도 많은 실습들을 하니까 적극적으로 참여하는 게 좋아요. 물론 아무리 열심히 공부하고 훈련받은 숙련된 상담사라도 실수할 수 있어요. 저는 상담을 하면서 청소년이나 부모님에게 더 궁금한 것은 없는지, 혹시 불편한 점이 있는지 편안하게 이야기해달라고 하는 편이에요. 역설적이게도 숙련된 상담사로 다듬어가는 건 결국 내담자 같기도 해요.

심리상담사의 근무 여건에 대해서 알려주세요.

편 심리상담사의 근무 여건에 대해서 알려주세요.

김 아까 말씀드린 것처럼 상담사가 기관과 근로계약을 어떻게 하느냐에 따라 달라요. 스스로 상담 사례 수를 조정하는 경우도 있고요. 방학기간은 좀 다르지만 대부분의 아이들은 학교에 다녀오고 나서 주로 오후에 상담이 이루어지는 편이에요. 그래서 오후 늦은 시간에 상담을 할 때도 있고, 센터 사정에 따라서는 주말 근무를 필수로 해야 하는 곳도 있어요. 아니면 기관이나 센터에 속하지 않은 프리랜서로 사이트나 여러 방법으로 예약을 받고 직접 집으로 방문해서 상담하는 경우도 있죠. 가서 놀이 상담을 해주는 거예요. 플랫폼에 자신을 등록하면 부모님들이 보고 채택하는 시스템이더라고요.

편 상근 근무하는 경우에는 4대보험이 되는 거죠?

김 네. 일하다 보면 건강상의 이유나 교육이 있어서 상담을 못 하게 되는 경우도 있잖아요. 그럴 때는 내담자와 미리 조율해서 일정을 조정할 수 있는 게 이 일의 큰 장점인 것 같아요. 하지만 장기 휴

가는 어려워요. 내담자가 퇴행할 수도 있고 상담 목표에 영향을 미치거든요. 요즘은 코로나 때문에 상담한 아이가 확진이 되면 다른 아이들을 만날 수 없어서 이런 경우가 종종 발생하더라고요.

심리상담센터에서 상담 외에 하는 일이 있나요?

📷 상담센터에서 심리 상담 외에 하는 일이 또 있나요? 저희 동네에 있는 사랑의 열매 센터에서는 상담을 제공하는데 ADHD 문제도 상담하고 MBTI 검사도 하더라고요.

📷 말씀하신 부분은 사랑의 열매에 모인 후원금으로 진행된 사회 백신 프로젝트의 일환일 거예요. 코로나19 장기화로 어려움을 겪고 있는 이웃들을 지원하는 사업인데, 그중 마음 건강 영역의 비중이 크게 늘었더라고요. 제가 운영하는 센터에서는 상담 외에 예방적 차원의 프로그램도 있어요. 꼭 어떠한 문제가 있어서라기보다 마음을 기반으로 한 미술놀이, 리더십, 자존감, 회복탄력성, 친사회성의 향상을 목표로 한 그룹 프로그램이에요. 아이와 부모를 대상으로 한 성교육을 하기도 해요. 어린이집이나 학교에 출강을 나가기도 하고 학교에서 의뢰된 청소년들을 상담하기도 하죠.

외부(학교, 어린이집, 기업 등)에 연계되어 출장을 가기도 한다.
아래 사진의 출장은 시에서 진행하는 행사에 심리 상담 체험 부스로 초빙되었다.

정년은 정해져 있나요?

편 정년은 정해져 있나요?

김 정해져 있지는 않아요. 그런데 아이를 만나야 하는 일이니까 체력이 안 되면 못하시더라고요. 그래서 유아에서 시작해서 나이가 들수록 아동 청소년으로 갔다가 나중에는 성인 상담으로 간다고 슈퍼바이저 분이 말씀해 주셨어요. 저도 지금은 아동 상담을 하고 있지만 멀리 바라보면 성인 상담까지 생각을 하고 조금씩 준비하는 게 좋다고요.

편 자격증이 대상을 제한하고 있지는 않나요?

김 성인 상담은 제한이 없고 아동 청소년은 놀이상담사 같은 자격을 취득하면 상담할 때 훨씬 도움이 되겠죠.

편 그럼 아동을 대상으로 한 자격증을 가지고도 성인 상담을 할 수 있겠네요.

김 네. 상담학과 또는 심리학과를 전공하면 전반적으로 다루고 수련을 받으니까요.

편 만약에 가톨릭대학교 대학원 임상심리학과를 나와도 아동 청소년 상담을 하려면 자격증을 별도로 따야 되는 건가요?

김 네. 전공한 거 외에 아동 청소년 관련한 자격증을 따면 훨씬 도움이 많이 돼요. 그래야 지역사회 바우처든 발달재활 바우처든 제공인력으로 등록할 수 있어요. 국가에서 지원되는 상담은 무조건 자격증이 있어야 그 자격증 번호로 더 많은 곳에서 일할 수 있고요. 아동 청소년 상담 관련 직장에 취업하려면 자격증 사본을 필수로 제출한답니다.

심리상담사 직업은 사회적으로 어떤 평가를 받고 있나요?

편 이 일이 사회적으로 어떤 평가를 받고 있나요? 선생님의 가족이나 지인들은 어떻게 생각하세요?

김 사회적으로 크게 명예가 되고 특별하게 대우받는 직업은 아닌 것 같은데, 주변 분들은 모두 좋게 생각하고 지지해 주세요. 어쨌든 어려움이 있는 사람의 삶을 변화시키는 직업이잖아요. 그런 부분에서는 지인들이나 가족들에게 존중받는 직업인 것 같아요. 그리고 전문직이고요. 남편은 항상 격려해 주고 직업적 가치를 높게 평가해 주는 편이에요. 아이들은 어릴 때는 엄마의 직업을 잘 모르다가 최근에 이해하고 신기해하네요. 친정뿐 아니라 시부모님께서도 늘 최고다, 자랑스럽다고 말씀해 주시고 여러 가지 방법으로 응원해 주시고 아낌없이 지원해 주고 계세요.

편 상담에 대한 사회의 인식은 어떤가요?

김 사회적으로 봤을 때 방송에서 많이 다루니까 꼭 문제가 있어야만 찾아가는 곳이라는 인식이 많이 바뀌고 있는 것 같아요. 부모님들이 이 부분에 대해 공부도 하고 열심히 찾아보면서 문제가 없어도 예방 차원이나 교육 차원으로 와도 된다는 걸 이제는 아시더라고요. 개인적으로도 문제가 터지고 난 후에 치료하는 것보다 예방해서 미리 막는 게 훨씬 좋다고 생각하거든요. 상담은 문제가 생겼을 때 마음의 치료뿐만 아니라 문제가 생기기 전에 가능성을 발견해서 미리 방지하는 예방적 기능도 있어요. 예방 상담은 주로 학교 장면에서 이루어지죠. 흡연, 약물 오남용, 음주, 따돌림 등에 대한 교육처럼요.

편 사회적으로도 적극적으로 변화하고 있네요.

김 방송의 힘이 강한 것 같아요. 하지만 방송에 노출되는 것이 좋은 영향도 있지만 그늘도 있는 것 같아요. 선무당이 사람 잡는다고 부모님들이 어디서 본 내용이라며 정확하지 않은 정보들을 많이 가지고 오시면 힘들 때가 있어요. 이런 내용은 방송에 안 나오면 좋겠다고 생각하는 것들도 있고요. 단적인 예로 그림 검사 같은 경우는 방송을 보고 해석에 대한 부분까지 알고 있는 상태에서 그림을 그리면 깊은 곳에 있는 마음 상태가 솔직하게 표현되기 어렵거든요. 그러면 정확한 검사를 할 수가 없어요. 그래서 이 부분을 상담사들이 방송윤리위원회에 문제 제기한 적이 있어요. 그런 내용들이 방송에 나오면 엄마들은 자녀들한테 집이나 나무를 그려보라고 하죠. 하지만 사실 그림만으로 아이의 상태를 평가하는 건 아니에요. 그림을 그리는 아이의 태도도 보고 추후 상담에서 그림에 대한 이야기도 나눠야 하거든요. 그런데 TV에서는 자극적으로 너무 한 부분만 보여주니까 그런 부분이 아쉽죠. 그래도 상담에 대한 이슈를 우리 사회에 건강하게 드러낸 건 긍정적이라고 생각해요. 그 부분을 오은영 박사님이 잘 끌어주신 것 같아요. 아동 청소년부터 성인 프로그램까지 골고루 다루면서 만나는 대상에게 필요하고 도움이 되는 정보와 내용을 잘 전달해 주시더라고요. 상담사를 위한 상담도 해주시면 너무 좋겠어요.^^

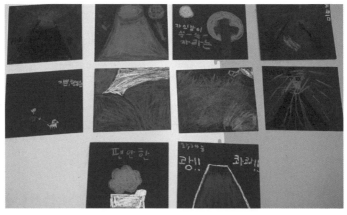

요즘 드는 감정을 다양한 그림과 색으로 표현해 보았다. 비슷한 화산을 그린 것 같아도 한 아이는 신나는 감정을, 한 아이는 스트레스 감정을 표현하였다.

종결을 앞두고, '나중에 계속 열리는 사과나무 아래서 무지개 옷 입고 다시 만나자'며 그려준 그림이다. "우리 또 만났네요"라고 말하고 싶다고 했다.

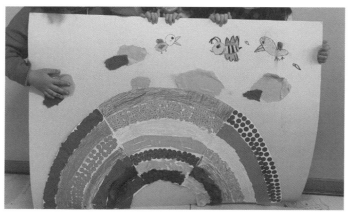

그룹 상담에서 힘을 모아 무지개를 완성했다. 서로 배려하고 도와가며 이루는 성과를 통해 뿌듯함과 협동심을 배양시킨다.

아동청소년심리상담사의 노트

상담 및 치료 과정

접수일자				접수자	
상담 경위	인터넷 검색, 홍보물, 주변 권유, 이용자 권유, 기타(　　　　　　)				
신청인		성별		연락처	
이용대상	이름		성별		생년월일	
	주소				연락처	
가족사항					
이름	관계	나이	직업	학력사항
상담 신청 계기	
상담 또는 검사 경험 (발달 관련, 김리검사)	
현재 아동 발달 수준 (언어, 인지, 운동성, 사회성 등)	
상담으로 기대하는 바	
기타사항	
추후 상담 일자	

◆ 초기 상담지

◆ HTP(집-사람-나무) 검사에서 아동이 그린 그림. '친구가 없는 외톨이 나무'라는 표현으로 아이의 외로움이 느껴졌다.

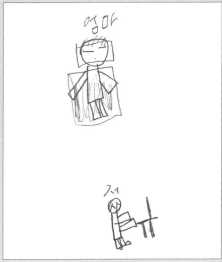

◆ KFD(가족동적화) 검사 속 그림에서 아동은 게임을 하고 엄마는 자고 있다. '게임을 그만하고 싶은데, 또 계속 하고 싶다'고 하는 아동은 상담 내내 게임 이야기를 하고 싶어 했다. 누가 아이를 게임 속으로 밀어 넣었는가.

3 사례회의

◆ 월례회의를 통해 센터의 내외부적인 일들을 공유하고, 상담하고 있는 아동의 사례에 대해 함께 나누고 더 좋은 방향을 찾아 모색한다.

4	**1:1 또는 그룹 상담**

- 내담자: ▓▓▓▓▓▓▓▓▓   - 상담시기: ▓▓▓▓▓▓▓▓▓▓

- 상담사: ▓▓▓▓   - 기록날짜: ▓▓▓▓▓▓

행동정의	-K-CDI 검사(12/8) 결과 <글자:쓰기와 읽기를 포함하는 문자와 단어에 대한 인지발달> 척도에서 발달범위 '경계선'수준, 문제항목은 언어능력(말더듬)과 주의집중문제 -정상적인 유창성 및 음성의 시간패턴에서의 결함으로 나타나는 말더듬기 반복
목표	1. 말더듬기 소거, 규칙적이고 일관된 기반 위에서 유창하고 정상적인 속도로 말한다. 2. 인지가 발달된다. 3. 오랜 시간동안 일관되게 관심과 집중을 유지하고, 충동조절이 현저하게 개선된다. 4. 보호자(부)는 치료의 필요성을 인정하고 적극적으로 협조한다.

개입

1. 언어 능력발달의 지속적인 촉진, 다양한 사회적 상황에서 말더듬을 촉발하는 불안을 소거하기 위해 역할놀이와 긍정적 대처전략 세우기

2. 아동의 관심과 흥미 수준에 맞는 다양한 활동의 경험으로 인지적 확장

3. 충동성과 산만성의 증가에 영향을 미치는 스트레스 인자를 탐색하고, 확인. 미래에 행동분출 행동을 일으킬 가능성이 있는 스트레스 인자, 걸림돌, 장애물에 대처하거나 극복하는데 사용할 수 있는 대처전략 확인

4. 치료에 꾸준히 참여할 수 있도록 보호자 독려

◆ 상담계획서: 초기 상담 후 아동에 대한 계획을 수립한다. 수립된 계획에 대해 부모님과 공유한다. 중간에 목표가 바뀌는 경우 이에 대해 재수립한다.

◆ 개인 상담 1: 미술 상담은 미술 활동을 통해 감정과 마음을 표현하고 정서를 이완하며 스트레스를 완화시키는 데 효과적이다.

◆ 개인 상담 2: 놀이는 비언어적으로 자신의 생각과 감정을 표현하는 도구로서 아동이 스스로 전문가와의 놀이 상담을 통해 자신의 문제를 극복하고 잠재력을 극대화하는 데 도움이 된다.

◆ 감정 카드 게임으로 다양한 감정의 종류를 인지할 수 있다. 아이들은 새로 알게 된 감정 단어를 일상생활에서 사용하기도 한다.

◆ 상담을 마치면 보호자 상담을 통해 아동 청소년 근황, 상담 목표 등에 대해 이야기를 나눈다.

마음의
무한한 가능성

마음에 대하여

🔲 머리랑 마음을 이론적으로 어떻게 구분하죠? 마음 이론이라는 게 있나요?

🔲 마음 이론은 쉽게 말해 나와 다른 사람의 마음 상태에 대해 이해하는 거예요. 우리 모두에게는 마음이 있고 이것을 잘 이해하는 것은 아주 중요해요. 그렇다면 마음이 어떻게 이루어져 있고 행동에 어떻게 연관되어 있는지, 이것을 통해 다른 사람과의 상호작용과 관계 맺기에 어떻게 영향을 주고받는지 알 수 있지요.

🔲 마음의 작용을 보통 의학에서는 머리에서 만드는 거라고 하잖아요.

🔲 반대로 마음에서 믿는 대로 뇌에서 판단하기도 해요. 플라시보 효과라는 말 들어보셨을 거예요. 실제 효능이 검증된 약이 아닌데 심리적 기제로 인해 효능이 발휘되는 효과 말이에요. 『당신의 주인은 DNA가 아니다』라는 책에서 저자인 브루스 립턴은 우리가 겪는 몸의 상태는 DNA가 아니라 심리적 요인으로 결정된다고 했어요. 생각과 감정을 조절하면 세포의 긍정적인 행동을 유발하고 현실화된다는 거죠. 참 재미있더라고요.

🔲 사회적으로도 마음이 중요한 테마가 됐어요. 왜 마음이 우리

에게 중요해졌을까요?

김 감정은 늘 우리와 함께하고 있어요. 그 감정으로 인해서 우리의 말과 행동이 영향을 받아요. 그래서 중요하죠. 우리 사회는 감정에 대해 보수적이에요. 그래서 "너는 너무 감정적이야."라는 말이 부정적인 의미를 갖고 있어요. 그렇게 인식하고 있기 때문에 감정을 잘 조절하지 못하면 비난을 받죠. 그런 사회 분위기 때문에 개개인의 감정이 많이 억압되어 있었던 것 같아요. 이건 우리가 같이 고민해 봐야 할 문제라고 생각해요. 생각이라는 건 내가 하려고 하는 게 아니고 저절로 생기는 거잖아요. 그 생각에 의해서 마음이 생기고 바뀌는데, 이것을 표현하지 않고 자꾸 누르면 내보내지 않은 마음이 그대로 쌓여있게 돼요. 겹겹이 쌓인 마음이 개인의 심리에 영향을 미치고, 그게 사회 전반에 영향을 미친다고 생각해요.

편 방송의 영향으로 어른들이 아동 청소년의 마음에 관심을 갖기 시작했어요. 아이들이 자신의 마음이나 감정에 관심을 갖고 있나요?

김 처음에는 잘 모르는 것 같아요. 저는 아이들이 오면 처음 2~3회기에는 감정 수업을 먼저 하고 심층 상담으로 이어가요. 감정 수업은 감정 카드로 감정에는 많은 종류가 있다고 알려주고 아이가 자신의 감정이 어떤지 말하고 표현하는 수업이에요. 그런 과정을 거치면서 아이가 자신의 감정을 인식하는 것 같아요. 화가 나고, 속상하고, 슬프고, 외로운 건 다 다른 감정이거든요. 그런데 잘 모르면 그냥 기분 나쁘다는 말로 표현할 수밖에 없는 거죠. 이 세분화된 감정을 잘 알고 적절한 상황에 맞는 단어를 쓰고 표현할 수만 있어도 스트레스가 훨씬 감소한다고 생각해요.

편 감정을 표현하는 게 정말 중요한 거네요. 청소년들도 자기감정에 대해서 솔직한가요?

김 청소년들이 아이들보다 감정 표현을 더 어려워해요. 어린아이들은 언어 능력으로 인한 표현의 한계가 있지만 그래도 장난감으로 때론 그림으로, 표정으로, 행동으로 계속 표현하려고 노력하거든요. 그런데 청소년들은 이미 어린 시절을 지나서 청소년이 됐잖아요. 타인의 시선을 더 많이 의식하고 솔직한 표현을 부끄럽게 여기면서 감정을 나타내는 걸 어려워하기 때문에 일부러 감정 카드나 다른 도구들을 같이 사용해서 쉽게 표현하도록 도와주죠.

편 학생들이 건강한 어른이 되기 위해서 지금 자신의 감정을 제대로 표현하는 게 중요하겠어요.

김 네. 만약에 화가 났을 때 과격한 표현을 하는 것보다 말로 어떻게 잘 표현할 수 있는지 노력하는 게 중요해요. 물론 쉽지 않지만요. 현재의 감정에 집중해 보고 왜 그런 감정이 들었는지, 어떻게 하면 그 불편한 감정에서 벗어날 수 있는지에 대해 같이 탐색도 해보죠. 그 과정에서 아이들이 내가 그때 그래서 그랬구나 하며 자기 성찰의 시간도 가지게 되고 보다 편안해지는 것 같아요.

편 청소년들이 자신의 마음을 어떻게 관찰할 수 있을까요? 자신의 감정을 어떻게 알 수 있죠? 자기 마음에 관심이 없는 아이와 관심이 있는 아이의 차이가 있을까요?

김 대부분은 자기감정에 관심이 없어요. 왜냐하면 마음의 중요성이 우선순위에서 밀려 있잖아요. 당장 공부가 제일 중요하고 과제가 많으니까 자신의 감정이 자꾸 후순위로 밀려나는 거죠. 가장 쉬운 방법은 매일 잠자리에 들 때 내가 오늘 제일 좋았던 일이 뭐였을까, 내 마음이 제일 불편했던 게 뭐였을까를 한두 개 정도씩 스스로 생각해 보는 연습을 하면 좋을 것 같아요. 어린 아동들은 부모님이 자기 전에 "오늘 뭐가 제일 좋았어?", "뭐가 너를 속상하게 했니?" 라고 물으면서 같이 대화하는 게 좋아요. 그리고 학교에 있는 위 클래스에 감정 카드는 거의 다 비치되어 있는 걸로 알고 있어요. 감정에 대한 어휘는 굉장히 많으니까 그런 것도 관심 있게 보면 좋을 것 같아요.

편 실제로 청소년기의 아이들에게는 공부 문제가 가장 심각하잖아요. 자신의 감정이 불편하고 속상한 상태에서 하는 학습 과잉 문제는 어떻게 보세요?

김 사실 아무리 공부를 하려고 해도 마음이 진정되지 않은 상태에서는 성적이 잘 나올 수가 없어요. 청소년들이 스스로 자신의 감정을 우선순위로 놓으면 좋겠어요. 오히려 마음을 잘 다스리는 아이들이 집중력도 좋고 공부도 더 잘 할 수 있잖아요. 이 부분을 아는 부모님들은 자녀에게 특별한 문제가 없어도 상담을 보내기도 해요. 그래야 다른 전반적인 일들이 편안해지니까요. 일상에서 받는 작은 스트레스도 털어버리고 자녀의 성격 특성상 미래에 생길 수 있는 문제들을 미리 예견해서 준비시키기도 해요. 예를 들면 학교 입학이나 이사 등 새로운 환경에 처할 아이가 기질적으로 불안이 높으니 이에 대한 대안을 다루고 준비시키는 거죠.

편 그런 친구들은 참 다행이네요. 요즘 마음이 아프다는 말을 많이 하는데요. 마음이 건강하다는 것과 마음이 아프다는 건 어떤 걸까요?

김 마음이 건강하다는 건, 생텍쥐페리의 말에서 답을 찾을 수 있어요. "누구든지 자기 스스로 자기를 인정하기만 한다면 그는 이미 충분히 가치 있는 존재이다." 요즘은 사실 경쟁 사회이고 타인보다 자신이 더 잘해야 될 것 같은 압박이 늘 있잖아요. 그럼에도 타인과 비교하지 않고 자신의 있는 모습 그대로를 괜찮다고 인정하는 거죠. 어떤 건 부족하고 못하지만 또 잘하는 것도 있다고 인정하고 사랑할 수 있어야 되고요. 존재 자체로 충분히 가치 있다고 스스로 인식하는 사람은 마음이 건강하다고 볼 수 있어요. 그리고 사람은 혼자 살 수 없기 때문에 타인을 존중하고 함께 하는 삶의 가치를 이해하는 부분도 필요해요. 이런 것들이 가장 잘 드러나는 게 표현하는 방식인데요. 마음이 건강하지 않으면 언어나 신체적인 면에서 과격한 표현이 나오거든요. 그런데 건강한 아이들은 조절을 할 수 있고, 좀 더 부드러운 방법으로 문제를 해결하고 표현하는 방법을 찾아요.

편 자기표현 방법을 제대로 가지는 게 중요하네요.

김 네. 표현하는 방식이 매우 중요해요. 어른도 마찬가지고요. 청소년기는 호르몬의 영향도 있어서 사실 조절하는 게 어려울 거예요. 남자아이들은 테스토스테론의 영향으로 활동적이고 격렬해지죠. 공격적으로 만들기도 하고 욱하는 성격이 생기기도 해요. 강한 자기주장과 동시에 힘의 서열을 중요하게 여기기도 하고요. 여자아이들은 에스트로겐과 프로게스테론의 영향으로 적대감과 공격감이 나타나기도 하고 예민함과 우울감이 밀려오기도 하죠. 그래도 조절이 중요하다는 사실을 알고 있기만 해도 좋을 것 같아요. 더불어 노력도 필요하고요.

📧 그럼, 마음이 아픈 건 어떤 건가요?

📧 마음이 아픈 이유는 사람마다 다 달라요. 나타나는 방식도 다 다르죠. 어떤 사람은 병원에 가서 검사해도 아무 이상이 없는데 몸이 계속 아프다거나, 지나치게 활력 수준이 낮다거나, 수면에 문제가 있어서 잘 못 자거나, 너무 자는 경우도 있어요. 아니면 식습관에 문제가 생겨서 폭식하거나 너무 안 먹기도 하고요. 불안에 압도되는 감정이 너무 빈번하게 발생할 수도 있어요. 요즘 아이들은 급발진이라고 표현하던데, 자신도 모르게 충동적인 행동을 하게 될 수도 있죠. 아니면 친구나 가족, 주변 사람들과의 관계에서 자꾸 문제가 생겨서 상처를 받는다거나, 이유가 없는데 계속 억울한 감정이 생기고 공포가 몰려온다거나, 무기력해지기도 해요. 이 외에도

마음의 문제는 정말 다양하게 나타나는데요. 정상적으로 일상생활이 안 될 정도로 생활에 불편함이 있다면 마음이 아프다는 신호가 온 거죠. 그 신호가 밖으로 드러난 거예요. 이걸 본인이 알아챌 수도 있고 다른 사람들이 먼저 알 수도 있어요. 그래서 아동 청소년들은 어머님이 먼저 발견해서 데리고 오는 경우가 많아요.

편 요즘 흔히 마음이 강해야 된다, 넌 마음이 약하다는 식의 표현을 많이 쓰더라고요. 이런 거에 대해 어떻게 생각하세요?

김 마음이 강하다는 건 어떤 순간에도 흔들림 없이 자기의 가치와 주관과 소신을 지키는 걸 말하는 것 같아요. 자신의 신념과 가치를 잘 지켜나가는 게 강한 마음이라고 생각해요. 약한 마음은 아주 미세한 바람에도 흔들려서 결국 결정을 해야 되는 순간마다 우왕좌왕하는 것 같아요. 우리는 살아가면서 무언가를 계속 선택하고 결정해야 되는데 선택 과정이 너무 힘든 사람들이 있어요. 타인을 너무 생각하고 배려하는 마음에서 우왕좌왕하기도 하죠. 그래서 강한 마음이 좋고 약한 마음이 나쁘다고 말할 수는 없어요. 때로는 약한 마음이 강한 마음을 이길 때도 있는데, 왜냐하면 여린 마음속에도 단단함이 있거든요. 강한 건 좋고 약한 건 나쁘다고 생각하지 않았으면 좋겠어요.

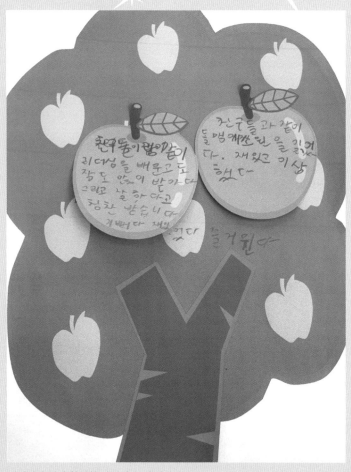

리더십 수업에 참여한 아이가 느낀 점이다.
'친구들과 같이 돌멩이의 소원을 읽었다. 재밌고 이상했다. 친구들이랑 같이 리더
십을 배우고 도장도 많이 받았다. 그리고 잘한다고 칭찬받았다. 기뻤다. 재밌었다.
즐거웠다.'라고 적혀있다.

편. 요즘 멘탈이라는 단어를 많이 쓰는데요. 김연아 멘탈을 다들 부러워하잖아요. 청소년들은 자신도 멘탈이 강한 사람이 되고 싶다고 생각할 것 같아요. 어떻게 하면 그렇게 될 수 있을까요?

김. 어려움에 부딪쳤을 때, 어떤 사람은 좀 더 긍정적으로 바라보고 좋은 결과를 만들어내려 노력해요. 어떤 사람은 아직 결과가 나오지 않았는데도 '망했다. 망쳤어. 아무것도 안 될 거야'라고 실패의 끝에 이미 가 버리죠. 더 해보지 않고 결정하는 거예요. 결국 생각과 마음을 어떻게 가지느냐에 따라서 태도가 바뀌고 태도가 바뀌면 삶의 방향도 바뀌죠. 그게 참 중요한 것 같아요. 심리학에서는 자아탄력성이라고 하는데 어떤 문제가 생겼을 때 긍정적으로 생각하고 내면의 긴장과 불안, 스트레스를 잘 대처하여 적응하는 능력이에요. 자아탄력성은 일상 속에서 작은 노력들로 키울 수 있는데요, 기본적인 생활을 규칙적으로 하며 체력을 키우는 것, 힘들 때 솔직하게 털어놓고 의지할 수 있는 관계를 맺어두는 것, 일상의 감사거리를 찾아 말하는 것 등이 있어요.

편. 아이들이 공부를 잘하고 싶어도 멘탈이 강해야 되고, 공부 외에 자신의 진로나 적성을 찾아서 나가려고 해도 멘탈이 강해야 되잖아요. 어떻게 연습할 수 있을까요?

김 자신에게 불편하고 힘든 일이 생겼을 때 관점을 바꿔보려고 노력하는 연습을 하세요. 조금 더 긍정적으로 보려고 하고 이미 일어난 일에 대해서는 '그래도 괜찮아.'라고 생각하면서 좋은 점을 찾아보세요. 그리고 '그 일을 겪으며 내가 배운 게 무엇이지?'하며 경험의 기회로 삼는 것도 큰 도움이 될 것 같아요.

편 긍정적인 생각을 계속해야 하는 거네요.

김 네. 관점을 바꿔보는 거죠. 제가 상담을 할 때도 관점을 바꾸는 훈련이나 연습을 계속하거든요. 2010년 이탈리아 세계선수권 당시 김연아 선수가 대회에서 계속 실수를 하며 잘 안 풀린 날이었어요. 국민들은 다들 아쉬워하고 걱정도 했는데 그날 저녁 SNS에 '쇼트 말아 드시고 호텔 와서 시리얼 말아 드심'이라고 올려서 화제가 된 적이 있어요. 마음이 힘들고 자책감에 쓰러질 수도 있었을 텐데, 유쾌하고 재치 있게 표현한 걸 보면서 자아탄력성이 정말 강하다고 생각했었어요. 아이들과 한 상담 중에 했던 이야기 하나 해볼게요. 길 가다가 누군가와 부딪혔을 때, 저 사람이 일부러 와서 부딪혔을 거라고 생각하는 사람과 모르고 그랬다고 생각하는 사람의 마음과 행동은 달라요. 몰랐다면 서로 기분이 나쁠 일이 없잖아요. 하지만 일부러 부딪쳤다고 생각하면 자신이 사과를 받아야 된다고 생각하고 화가 나겠죠. 그 화가 상대방을 공격하고 싶은 마음을 일으킬 수도 있고요. 이럴 때 어떻게 대처하면 좋을지 아이들에게 물어보면 그 두 가지의 차이를 다 이해하더라고요. 어느 쪽이 더 좋은 방향인지 본인들이 알아요. 비슷하게 무인도 얘기도 하는데요. 무인도에 조난당했을 때 탈출할 수 있다는 희망을 갖고 적극적으로 SOS 신호를 보낸 사람과 포기하고 굶어 죽는 사람의 결과가 어떻게 다른지에 대해서도 대화해요.

편. 마음을 다스리는 방법, 감정을 다스리는 방법이 있을까요?

김. 제가 상담할 때 인지행동 관련해서 마음 조절법으로 알려주는 방법이 있어요. 순간적으로 욱하고 화가 났을 때 행동을 취하기 전에 1, 2, 3 이렇게 속으로 천천히 세어보는 거예요. 이게 너무 쉬우면 숫자를 거꾸로 세어보거나 구구단을 외워보기도 하고요. 욱하는 순간에 상대방에게 바로 대응하는 것과 한 템포 쉬었다가 대응하는 건 분명히 달라요. 화를 식히고 순간적인 충동을 조절할 수 있죠. 이게 될까 싶지만 실제로 조절이 돼요. 부모님들도 신기하다고 얘기하세요. 아주 잠깐이지만 시간을 줘서 호흡과 맥박을 낮추는 거예요. 심호흡이나 숫자 세는 건 기억하기도 쉽고 센터에서 연습도 많이 하기 때문에 아이들이 학습한 대로 잘하더라고요. 더 어린

유아들도 굉장히 잘해요. 실제로 어머님들이 얘기해 주세요. 아이가 집에서 장난감이 마음대로 안 될 때 예전 같으면 집어던졌을 텐데, '후'하고 심호흡을 하더래요. 그리고 동생과 마찰이 있을 때도 대응하거나 싸우지 않고 심호흡을 했다고 너무 신기해하셨어요. 방법은 1부터 10까지 올라가서 기다렸다가 또 천천히 1부터 10까지 내쉬는 걸 세 번 정도 반복하는 연습을 계속하면 그런 상황이 생기는 순간 심호흡이 저절로 나오는 거죠. 어른들도 많이 하는 방법이에요. 우리 청소년들도 연습해 보면 좋을 것 같아요.

편 욱하는 게 사회적인 문제가 되는 거잖아요. 왕따나 폭력 문제는 어떻게 보세요?

김 요즘에는 왕따를 놀이처럼 한다고 들어서 너무 놀랐거든요. 충격적이었어요. 오늘은 이 애를 왕따시키고 다음 날은 무리에 껴주고 그중 또 다른 한 명을 왕따시키고 이런 식으로 돌아가며 왕따를 시키는 거죠.

편 그 이면에 뭐가 있을까요?

김 왕따는 강자가 약자를 괴롭히는 것으로 피해자에게 정신적 육체적으로 심각한 고통을 주죠. 어떠한 이유로도 정당화될 수 없어요. 하지만 왕따 놀이는 그냥 재미로 왕따를 시키고 '놀이'라는 이름을 붙였으니 옳고 그름 없이 일종의 게임이라고 책임 없이 가볍게 넘겨버려요. 하지만 이런 부분이 누구나 쉽게 왕따를 만들 수 있고, 원하지 않는 피해자가 큰 상처를 받을 수 있다는 점은 잘 생각해 봐야 하는 문제예요.

편 학교 폭력 관련해서 가해자 상담도 해보셨어요?

김 학교 폭력의 가해 학생에 대한 처분은 1(피해 학생에 대한 서면 사과)~9호(퇴학)까지로 여러 개가 동시에 부과될 수도 있는데, 5호로 결정되면 학내외 전문가에 의한 특별 교육 이수 또는 심리치료를 받도록 해요. 아무래도 가해자보다는 마음에 깊은 상처를 입은 피해 아이들이 더 많이 오죠. 그리고 가해하는 아이들은 5호로 결정되어 이수 시간을 채우려고 오는 경우가 대다수예요.

편 때리는 아이도 심각한데 그 부모들은 왜 치료에 소극적일까요?

김 그런 부모의 가치관과 인식이 아이에게 전달되는 것 같아요. 그래서 아이들에게 부모님이 중요해요. 문제의식도 책임의식도 없는 부모에 의해 아이는 본인이 저지른 폭력에 대해 심각성도 반성도 없는 거죠. 그렇다면 선도되지 않으니 다시 저지를 확률이 높아 지겠죠.

편 청소년 문제가 계속 심각해지잖아요. 그 원인은 어른들한테 있는 걸까요?

김 저는 어른들의 책임이 크다고 생각해요. 아이들은 미디어를 통해서 자극적이고 폭력적인 영상을 어릴 때 빨리 접하는 것도 원인인 것 같은데, 그 영상은 어른들이 만들어내요. 사회적으로도 예전보다 집에 아이들끼리 있는 시간이 길어졌고, 그 시간에 유튜브나 게임, 매체 등에 너무 많이 노출되죠. 청소년들은 어른들에 비해 모방 충동이 강하기 때문에 비행행동에 미치는 영향이 매우 커요. 부모가 해야 할 보호와 감독 역할은 가정마다 수행 정도가 다른 것 같아요.

편 그럼 상담하실 때 미디어에 대해 제한을 두시나요?

김 그럼요. 어느 정도 노출되어 있는지 늘 확인하죠. 그리고 줄여야 된다고 말씀드리고요. 단시간에 해결하기는 어렵겠지만 사용 시간을 일정하게 지키고 일상생활에 지장이 없도록 해야 한다고 아이에게도 이야기해요. 미디어 내용에 폭력적인 게 너무 많기 때문에 이미 노출이 되었을 때는 그 부분에 대해 어떤 생각과 느낌이 드는지, 왜 불편한 상황이 되었는지, 상대방의 입장이 어떠할 것 같은지, 본인이라면 어떻게 할 것인지 등에 대해 이야기 나누는 게 도움이 돼요.

편 아이들 중에는 자신의 감정이나 마음을 바꾸고 싶어 하는 학생들이 많을 것 같아요. 어떻게 해야 자기 자신의 마음을 바꿀 수 있을까요? 어른들도 자기 마음을 바꾸기가 어렵잖아요.

김 현재 내 마음에 대해 집중하면서 진짜 원하는 게 뭔지, 뭐 때문에 화가 났는지, 불만족스러운 건 뭔지, 어떤 결과를 내기 위해서 이런 마음을 먹었고 긍정적인 결과를 얻으려면 내가 어떻게 해야 되는지를 깊이 있게 탐색해 보는 거죠. 결국 본인이 선택해야 하니까요. 어렵지만 자신의 기분이 바뀌길 원하는 건지, 목표로 하는 게 잘 안 돼서 짜증이 나는 건지 아는 게 필요해요. 감정을 소모적으로 쏟아부으면 결국은 일을 추진하는 데 도움이 안 될 수도 있거든요. 청소년들이 스스로 '끙끙 앓고 있을 게 아니라 좋은 해결을 하기 위해서 내가 선택하고 나아가는 게 빠르겠어.'라고 생각하면 좋겠어요. 감정을 나쁘게 소모하면 부정적인 에너지를 계속 채우는 게 돼요. 긍정적인 시각과 인식을 가지도록 노력하면 좋겠어요.

편 요즘 서울에 있는 학생들은 갑상선에 많이 걸리는데 스트레스와 관련이 있다고 하더라고요. 경쟁에 몰리니까 공부를 과도하게 하는데 그게 스트레스인지도 모르는 거예요.

김 주변에서 다들 그렇게 하니까 잘 모를 수 있죠. 그래서 자신에 대해 수용하고 '그래도 괜찮아.'라고 여기는 게 마음의 건강을 위해서는 좋은 것 같아요. 그렇게 생각하는 게 어려워도요. 사람은 저마다 다른 특성이 있고 모두 달라요. 똑같은 사람만 있다면 무슨 매력이 있고 개성이 있겠어요. 본인만의 개성은 누구나 있거든요. 청소년들이 그런 보석을 자신 안에서 빨리 발견해 내면 좋겠어요. 공부로 인한 스트레스로 더 가치 있는 것들을 놓치고 있지는 않은지도 돌아보고요. 그리고 각자의 개성을 존중해 주고 특수성을 인정해 주는 사회가 되면 좋겠어요.

편 마음이 건강한 청소년기를 보내기 위해서 취미생활이나 필요한 활동이 있을까요?

김 너무 공부만 하지 말고 쉬어가는 시간이 필요해요. 각자가 좋아하는 게 다르니까 자신이 좋아하는 활동을 통해서 스트레스를 표현하고 표출하면 좋겠어요. 제일 중요한 건 서로 다른 개성을 어른들이 인정해 주는 거예요. 공부를 잘하는 학생보다는 공부를 열

심히 하는 학생이, 책상에 앉아 억지로 공부 시간에 얽매여 있는 것
보다 가치 있게 보내는 시간을 더욱 존중해 주는 것 말이죠.

📭 부모님부터 아이들의 개성을 인정해야겠네요.

📭 만약에 부모님이 자녀를 다른 아이들과 비교한다거나 타인의
기준에 맞추려고 하면 아이들의 마음이 너무 힘들어져요. 버겁죠.
사회의 모든 아이들이 다 공부를 잘한다면 그게 무슨 의미가 있을
까요? 각자가 잘하는 게 다르다는 다양성이 존중되면 좋겠어요.

📭 만약에 이 책을 본 청소년 중에 친구나 가족들의 마음이 아픈
걸 발견하게 되면 어떻게 도와줘야 하나요?

📭 처음에는 이야기를 잘 들어주고 공감해 주면 좋을 것 같아요.
만약에 상황이 더 심각하다면 청소년들 입장에서는 도움을 줄 수
있는 한계가 있으니까 학교 내 상담 선생님을 찾아가거나 전문가
의 도움을 받도록 도와주는 게 제일 좋고요. 가족의 경우도 마찬가
지로 병원이나 상담센터의 도움을 받도록 도와주세요. 우울증은
감기 같다고 얘기하잖아요. 친하고 가까운 사람이 감기로 병원에
가는 것처럼 가볍게 상담을 권유하면 마음이 편해져서 갈 수도 있
어요. 반면 힘들다고 하는 사람에게 친하다는 이유로 배려 없이 말

하거나 아무렇지 않게 여긴다면 상대방은 더 힘들 거예요. 힘들게 마음을 표현했는데 그 마음을 거절당한다면 낯설고 모르는 사람에게 상담을 받으러 가기는 더 어려워질 수 있겠죠.

📧 친구들끼리 서로 힘든 얘기를 많이 하잖아요. 청소년 시기에는 특히 더 중요하겠네요.

📧 누구라도 얘기를 들어주는 사람은 꼭 필요해요. 청소년들은 고민이 생겼을 때 상담받고 싶은 사람 1위가 친구라고 하더라고요. 청소년기의 친구라는 존재는 서로에게 힘이 되고 의지가 되는 것 같아요. 서로 건강한 에너지를 주고받는 친구를 만날 수 있는 것은 행운이에요. 그런 친구가 되어주려고 먼저 노력하면 그런 친구도 만날 수 있어요.

📧 그럼, 상담사들은 가까운 사람이나 가족에게 상담이 필요할 때 직접 하시나요?

📧 상담학에서는 '이중 관계'라고 해서 원칙적, 윤리적으로 가족이나 가까운 사람을 상담하는 걸 금지하긴 해요. 이중 관계는 상담사와 내담자가 상담 관계 외에 이중으로 사적 관계가 맺어지는 경우를 말하는 건데요. 상담하면서 사적으로 친해지거나 사적으로

친한 사람을 상담하는 경우 모두 포함돼요. 내담자가 가족이나 가까운 지인이면 정확하게 상담하기가 어려워요. 상담사는 전문가니까 내담자를 객관적으로 대하려고 해도 내담자는 상담사를 대할 때 이미 알고 있는 모습들이 대입되어서 지인이나 가족으로 보는 경우가 많거든요. 그러면 공감도 안 되고 전문적 관계도 안 되고 결국은 사적인 수다로 끝나요. 상담 진행이 잘 안 되고 악영향을 주는 거죠. 그렇게 상담에 영향을 미치는 상황이면 하지 않는 게 좋아요. 그래서 상담사들이 가족 상담은 거의 안 하는 편이에요.

김아나
아동청소년심리상담사의
〈빅트리심리상담센터〉
스케치북

◆ <빅트리심리상담센터> 전경

◆ 개인 상담실: 이곳에서 유아, 초등 아이들의 상담을 진행한다. 아동 특성에 따라 미술, 놀이, 또는 언어 상담이 이루어진다.

◆ 그룹 상담실: 이곳에서 다수의 아이들이 그룹 상담에 참여한다. 리더십, 자기주도, 감정조절, 자존감, 친사회성 등을 주제로 여러 가지 활동이 진행된다.

◆ 부모 상담실: 아동 청소년 상담을 마치고, 10분가량 부모 상담이 진행된다. 해당 아동 청소년과 별도의 시간에 부모만 대상으로 상담을 진행하기도 한다.

◆ 부모 대기실: 아이들이 상담받는 동안 대기한다. 책을 읽거나 차를 마시기도 하고 부모들끼리 담소를 나누며 육아 정보를 교환하기도 한다.

◆ 아동 대기실: 약속된 시간보다 일찍 도착한 경우 이곳에서 책을 읽거나 앉아서 쉬며 기다린다. 함께 기다리며 부모님이 책을 읽어주는 그 시간부터 아이들은 벌써 행복해진다.

◆ 보드게임은 승부욕, 분노, 즐거움 등의 다양한 감정을 다루며 아동이 수용 받는 온전한 경험과 상황에 따른 적절한 개입이 이루어진다.

◆ 감정 카드를 사용하여 오늘 하루의 일과가 어땠는지 표현해 보고 상황에 적절한 감정을 표현하고 생각해 보는 시간을 가졌다.

◆ 참고도서: 아이들과의 상담을 준비하면서 참고하는 교재들이다. 계획을 세우거나 진행 과정에 두루 참고하면 도움이 된다.

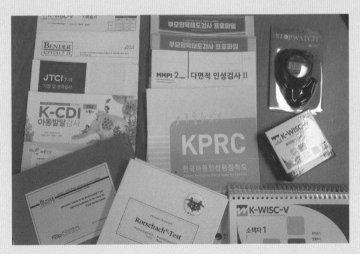

◆ 검사 도구: 유아, 아동, 청소년, 부모 각 대상과 연령에 맞는 검사를 실시한다.

이 책을 마치며

편 선생님, 장시간의 인터뷰 감사합니다. 긴 시간 동안 대화를 나누었는데 기분이 어떠신가요?

김 긴 시간, 의미 있는 여행을 마친 기분이에요. 홀가분하기도 하고 얘기했어야 했는데 놓친 부분은 없는지 되새겨보게 되네요. 인터뷰를 하면서 제가 상담을 처음 시작했던 때부터 지금까지의 모습들이 영화 필름처럼 지나가기도 했어요. 아직 부족함이 많고 배워야 할 점이 많은 상담사라는 점을 되돌아보기도 했고요. 다시 공부하게 되는 계기가 되기도 했어요.

편 직업에는 인간의 세계가 포함되어 있어요. 아동청소년심리상담사 직업을 통해 아이들에 대해 관심을 갖게 되었고 더 나아가 아이들의 마음, 부모님의 마음, 우리 모두의 마음에 대해 관심을 갖게 되었어요.

김 마음에 관심을 갖는다는 것은 아주 중요한 일이죠. 앞으로의 삶의 방향이 바뀔 수도 있다고 생각하거든요. 이 책을 읽는 청소년 친구들도 그렇게 된다면 너무나 보람될 것 같아요.

편 이 책을 읽는 청소년들도 아동청소년심리상담사 직업에 대해서도 공부하고 자신의 건강한 마음에 대해서도 고민할 수 있었던 시간이었을 거예요. 사실 그 어떤 성공보다도 마음이 행복한 사람이 되는 게 제일 큰 성공일 것 같아요. 어떻게 생각하시나요?

김 네. 당연한 말씀이에요. 지금 하고 있는 고민들로 마음이 힘든 많은 아동 청소년들이 혼자 하는 걱정보다 마음을 알아주는 누군가에게 조금이라도 덜어주고 마음의 행복을 같이 찾으면 좋을 것 같아요. 문은 활짝 열려있죠.

편 아이들의 문제를 고민하고 공감하고 행복한 변화를 만들기 위해 노력하는 선생님께서는 행복한 어른이신가요?

김 어른들이 보기에 사소해 보일 수 있는 아이들의 어떠한 문제가 그들에겐 앞으로의 삶에 큰 영향을 미칠 수 있는 중요한 문제일 수 있다고 생각해요. 늘 그러한 마음으로 아이들을 만나고 있고요. 상담을 통해 아이들이 행복해지고 조금 더 편안해졌다면 저 또한 기쁘고 행복해요.

편 이 책을 읽는 독자 여러분께서는 자신의 마음을 다독여주는 사람이기를 바랍니다. 마음이 편안하면 공부도 잘되고 다른 사람에게 너그러운 마음도 생길 것 같아요. 내 마음의 편안함과 행복을 가족 그리고 친구들과 나누는 사람이기를 바라요.

김 네. 이 책을 읽은 여러분이 선한 영향력을 끼치는 단단한 마음의 힘이 생겼기를 바라며 스스로 가진 잠재력의 힘을 믿기 바랍니다. 여러 가지 이유로 어려움을 겪고 있는 우리나라 아동 청소년 여러분들, 모두 모두 응원합니다. 여러분을 믿어요.

편 마음을 어루만지는 직업, 마음의 변화를 통해 인생의 행복을 만드는 직업 『책임 있는 공감 능력 아동청소년심리상담사』 편을 이것으로 마칩니다. 이 세상의 모든 직업이 우리 청소년 여러분에게 모든 문을 활짝 열 수 있도록, 부모님과 환경에 따라 여러분의 인생이 정해지지 않도록 잡프러포즈 시리즈는 오늘도 부지런히 달려갑니다. 인생이라는 연극 무대에서 누군가에게 끌려가는 조연을 맡는다면 나중에 너무 아쉬울 것 같아요. 여러분 인생의 주인공은 여러분입니다! 잡프러포즈 다음 시리즈에서 만나요. 모두 건강하세요! 감사합니다.

제주의 특성을 살려 자연물을 사용하여 표정을 표현해 보았다. 어떤 상황에 어떤 표정을 짓게 되는지 이야기 나눈다. 위 그림은 엄마와 놀이터에 가서 행복한 감정을 표현하였다.

나도
아동청소년심리상담사

영화 <인사이드 아웃>을 시청하고
나의 다섯 가지 감정에 대한 경험을 생각해 보기

→ 영화 <인사이드 아웃>은 감정을 쉽게 잘 설명하고 표현한 애니메이션이에요. 기쁨이, 슬픔이, 버럭이, 까칠이, 소심이 같은 캐릭터가 나오잖아요. 그 다섯 가지 감정을 느꼈던 자신의 경험은 무엇인지 생각해 보고, 내 경험뿐만 아니라 친구의 경우에는 어떤 상황에서 저런 감정이 생길까 같이 생각해 보고 이야기를 나누어 보세요.

→ 상담사가 되고 싶은 아이들에게 좋은 경험이 될 거예요. 직접적인 경험을 통해서 배울 수 있으니까요. 그리고 상담 선생님보다 또래에게 더 마음 편하게 얘기하는 친구들도 있어요. 심리상담사에 관심이 있는 친구들은 꼭 참여해 보세요.

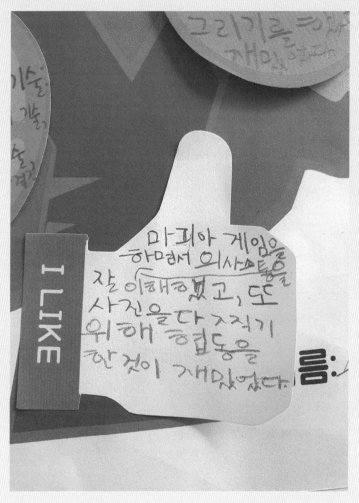

리더십 수업에 참여한 아이가 느낀 점이다. '마피아 게임을 하면서 의사소통을 잘 이해했고, 또 사진을 다 찍기 위해 협동을 한 것이 재미있었다.'라고 적혀있다.

청소년들의 진로와 직업 탐색을 위한
잡프러포즈 시리즈 50

책임 있는 공감 능력
아동청소년심리상담사

2024년 11월 15일 | 초판 3쇄 발행

지은이 | 김아나
펴낸이 | 김민영
펴낸곳 | 토크쇼

편집인 | 김수진
교정 교열 | 박지영
표지디자인 | 이민정
본문디자인 | 김정희
마케팅 | 신성종
홍보 | 이예지

출판등록 2016년 7월 21일 제2023-000173호
주소 | 서울시 마포구 월드컵북로98, 2층 202호
전화 | 070-4200-0327
팩스 | 070-7966-9327
전자우편 | myys327@gmail.com
ISBN | 979-11-91299-59-5(43190)
정가 | 15,000원